Dr. med. Erich Grassl

Im Alter zu Hause

Dr. med. Erich Grassl

Im Alter zu Hause

Ein Ratgeber für Senioren,
ihre Angehörigen und
Pflegekräfte

Herbig

Besuchen Sie uns im Internet unter
www.herbig-verlag.de

Sonderproduktion 1. erweiterte Auflage 2008

Schutzumschlag: Wolfgang Heinzel
Herstellung und Satz: VerlagsService Dr. Helmut Neuberger
& Karl Schaumann GmbH, Heimstetten
Gesetzt aus der 12,5/16 Punkt Garamond
Druck und Binden: CPI Moravia Books GmbH
Printed in the EU
ISBN 978-3-7766-5024-2

Inhalt

Vorwort

»Mir graut vor dem Älterwerden«, so hört man oft alte, aber auch Menschen im mittleren Lebensalter sagen. Sie haben Angst vor den Pflegeheimen, über die viel Negatives geschrieben wird und über die man oft schaurige Berichte hört. Und da ist nun mein guter Rat: Bemühen Sie sich, Ihre Gesundheit zu erhalten, sich beizeiten Ihre Wohnung altersgerecht einzurichten und zu planen – damit Sie noch lange zu Hause bleiben können.

»Bleib daheim« – das ist auch das Thema, dem sich dieses Buch widmet. Und wer wünscht sich nicht, auch im Alter zu Hause und damit in seinem gewohnten Umfeld bleiben zu können? Auf den folgenden Seiten finden Sie zahlreiche Hinweise und Tipps, die Ihnen dabei helfen können, die Ihnen sagen, wie man möglichst lange gesund und fit bleiben kann und welche Hilfen – oft auch vom Staat – angeboten werden.

In dem im Herbig Verlag erschienenen Buch »Lebensfahrplan für die Älteren« bin ich schon vor Jahren auf dieses Thema eingegangen und in »Die Kunst des Älterwerdens« wurden von mir vor allem die Alterskrankheiten, ihre Verhütung und Heilung durch gesunde Lebensführung und Naturheilkräfte aufgezeigt.

Wichtig ist es, keine Angst vor dem Älterwerden zu haben, sich die Lebensfreude zu erhalten und den Mut und die Kraft zu einem guten Leben für sich selbst, seine Familie und auch die Nächsten und Mitmenschen nicht schwinden zu lassen.

Dazu will dieses Buch anregen! Lesen Sie es mit Freude! Suchen Sie sich einmal das eine oder andere Kapitel heraus – vor allem, wenn es Ihnen praktische Hinweise geben kann, Adressen aufführt oder Anregungen gibt, die Ihnen dabei helfen, selbst aktiv zu werden!

»Alt werden, das ist Gottes Gunst
jung bleiben, das ist Lebenskunst.«

Johann Wolfgang von Goethe

1. Wohin entwickelt sich unsere Gesellschaft?

Zahlen aus dem Jahr 2003

Jeder Vierte ist schon über 60. Starker Anstieg in den nächsten Jahren. Bis 2050 fast 40% Senioren.

Mit diesen Überschriften überraschte die Presse die deutsche Bevölkerung. Weiter hieß es: »Der Anteil der Senioren in der Bevölkerung wird immer größer. Ende 2002 war fast jeder Vierte der 82,5 Millionen Menschen in Deutschland älter als 60 Jahre.« So das Statistische Bundesamt zum Tag der älteren Menschen am 1. Oktober 2003.

Zehn Jahre zuvor war nur jeder Fünfte über 60 gewesen. Für das Jahr 2030 gehen die Statistiker von rund 27,9 Millionen Personen oder 34,4% der Gesamtbevölkerung aus, die 60 Jahre oder älter sind, 2050 sollen es sogar 36,7% sein.

Von den über 65-Jährigen lebten im April 2002 rund 14,5 Millionen in Privathaushalten, 51% von ihnen zusammen mit dem Ehepartner, 36% alleine.

Die Pflegebedürftigkeit älterer Menschen tritt laut Statistik meist erst bei den über 85-Jährigen auf. Während bei den Menschen zwischen 70 und 75 Jahren 5% pflegebedürftig sind, sind es bei den 80- bis 85-Jährigen bereits 40%. Insgesamt werden 70% der Pflegebedürftigen zu Hause – meist von Angehörigen – gepflegt, der Rest in Pflegeheimen.

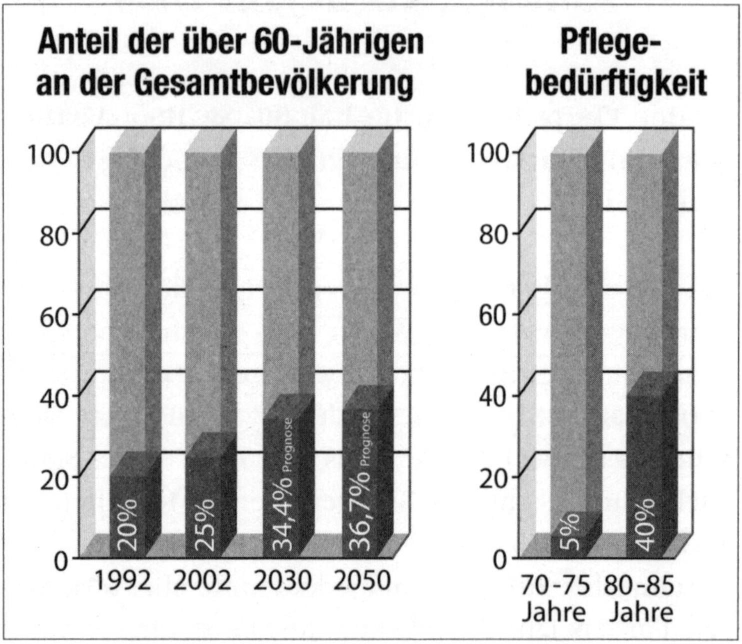

Steigerung der Anzahl Pflegebedürftiger

Nach der neuen Pflegestatistik werden bundesweit rund 573 000 Pflegebedürftige in entsprechenden Einrichtungen und Heimen betreut. Dazu zählen auch jüngere Behinderte. Die pflegebedürftigen Senioren machen circa 370 000 aus. Der Anteil der Schwerstpflegebedürftigen (Pflegestufe III) lag zum Zeitpunkt der Erhebung bei 23%. Für die Betreuung müssen die Einwohner von Baden-Württemberg tief in die Tasche greifen – der Pflegesatz beträgt dort 2550 Euro. Für dieselben Pflege- und Unterkunftsleistungen werden in Sachsen 2040 Euro berechnet.

Das im Herbst 2003 vorgestellte Statistische Jahrbuch 2003 prophezeit eine dramatische Steigerung der Anzahl Pflegebedürftiger bis zum Jahr 2050. Es werden dann mehr als eine Million Pflegebedürftige sein. Der Anteil der hochbetagten Pflegebedürftigen werde sich bis 2050 verdreifachen und etwa 1,2 Millionen Menschen zwischen 85 und 90 Jahren seien dann auf Pflege angewiesen. Dabei wird angenommen, dass 40% dieser Altersgruppe pflegebedürftig sein werden, im Heim oder zu Hause.

Drastisch sind die Auswirkungen auf die sozialen Sicherungs- und Versorgungssysteme. Es wird nicht nur mehr und mehr Pflegebedürftige geben, die zusätzliche Kosten verursachen, sondern auch immer weniger Erwerbstätige, die die sozialen Sicherungssysteme finanzieren. Auch eine Zuwanderung von Erwerbstätigen kann die Überalterung der Bevölkerung wohl nicht verhindern, denn es müssten dazu jährlich bis zu 300 000 Zuwanderer in unser Land kommen. Zum jetzigen Zeitpunkt sind in der Bundesrepublik 51 Millionen Menschen im erwerbstätigen Alter. Selbst bei einer jährlichen Zuwanderung von 200 000 ausländischen Kräften würde sich der Anteil der Erwerbstätigen im

Jahre 2050 nur auf circa 40,8 Millionen belaufen, also 10 Millionen Erwerbstätige weniger als heute.

Gravierend ist in Deutschland auch die starke Abnahme der Geburten. Seit 1972 wurden von Jahr zu Jahr weniger Kinder geboren, als Menschen starben. Im Jahre 2002 lag die Zahl der Geburten um 122 000 unter der Zahl der Todesfälle. Laut den Statistikern wird diese Zahl im Jahr 2050 fünfmal so hoch liegen. Angesichts dieser Zahlen scheint die Förderung der Familien z.B. durch mehr Kinderkrippen und mehr Unterstützung für die Eltern, insbesondere die Mütter und die Alleinerziehenden, eine zwingende politische Notwendigkeit.

Neue Zahlen aus dem Statistischen Bundesamt Jahrbuch 2002:

Bevölkerung nach Altersgruppen

	Unter 1 Jahr	6–14	60–65	und mehr
1950	1 054 090	9 426 951	3 373 523	6 749 385
1985	810 013	6 347 441	4 136 497	11 388 814
2000	766 434	7 123 003	5 718 165	13 694 014

Dramatische Zunahme der Alzheimer-Kranken

Die hohe und durch die stetige Zunahme der Hochbetagten sich stets steigernde Zahl der Alzheimer-Kranken bedingt auch die hohen Zahlen der Pflegebedürftigen. Bei den über 90-Jährigen sind es bereits über 40%, die an der Alzheimer-Krankheit leiden. Noch gibt es nur wenige Medikamente, die wirklich helfen. Aber die Forscher sind unentwegt auf der Suche nach wirksamen Medikamenten und Behandlungen. Sicher wird es in den nächsten Jahren schon Ansätze zur Heilung und Verhinderung dieser Erkrankung geben und dann werden die Statistiker nicht so ganz Recht bekommen. Im Moment ist die Versorgung der erkrankten Menschen jedoch bedauerlicherweise noch mangelhaft.

Die Single-Gesellschaft

Nach den neuesten Zählungen von 2003 sind die Einpersonenhaushalte in der Bundesrepublik von 1950 bis 1997 von 3,29 Millionen auf 11,13 Millionen gestiegen, die Zahl der über 60-jährigen Alleinstehenden auf 5,04 Millionen. **Ein Drittel der über 60-Jährigen in Deutschland lebt allein.** Dies ist besonders schwierig, wenn alte oder hochbetagte Singles krank werden, wenn der Winter streng ist und das Einkaufen schwer fällt. Oft bleiben sie dann hilflos zu Hause. Da man sich nicht unbedingt auf die Hilfe freundlicher Nachbarn verlassen kann, müssten in allen Bezirken, vor allem aber in Großstädten, telefonisch erreichbare Bring- und Holdienste organisiert werden und außerdem eine ambulante hauswirtschaftliche Versorgung und eine pflegerische Notfallversorgung aufgebaut und bekannt gemacht werden. Darauf werde ich in einem eigenen Kapitel zu sprechen kommen.

Je älter die Senioren werden, umso deutlicher zeigt sich das zahlenmäßige Übergewicht der Frauen. **Frauen werden älter als Männer und stehen oft einsam in der Welt.** So sind in Bayern nach der Zählung vom 31. 12. 1997 bei den 80- bis 85-Jährigen 59 506 Männer und 149 410 Frauen - von 85 und älter 58 442 Männer und 167 546 Frauen, also fast dreimal so viele Frauen.

Nicht selten vereinsamt die alte Frau, wird depressiv und zieht sich zurück. Sie braucht dringend Ansprache - vor allem, wenn die Kinder weit weg wohnen oder wenn sie kinderlos ist -, sie braucht Unterhaltung im Altenklub, sie braucht wenigstens des Öfteren den Telefonanruf einer Freundin oder eines Freundes. Wir sollten nicht mit unseren Besuchen, unseren Anrufen geizen und uns kümmern um einsame Menschen in unserem Umfeld und Bekanntenkreis. Nicht umsonst sind viele Pflegeheime überwiegend von Frauen besetzt - sie wählen lieber den Gang ins Pflegeheim, weil sie dort Ansprache und Gemeinschaft finden.

Die Überalterung der Bevölkerung schafft Probleme

Deutschland hat mit den höchsten Anteil an alten Menschen in Europa, gefolgt von Schweden, Griechenland, der Schweiz und Luxemburg. In allen Ländern wächst am stärksten die Altersgruppe über 80 Jahre. Aus Umfragen weiß man, dass die Senioren überall in Europa so lange wie irgend möglich in ihren eigenen vier Wänden leben möchten. 85% von ihnen lehnen den Umzug in ein Altenheim kategorisch ab, wenn sie frei entscheiden können. Nur etwa 4% werden in der stationären Altenpflege betreut. Andererseits hat sich die Großfamilie alter Prägung längst überlebt, auch wenn immer noch die meisten Alten durch ihre Angehörigen zu Hause gepflegt werden.

Fast alle Länder - vor allem in Europa - stehen vor derselben Situation, was die Überalterung der Bevölkerung anbelangt, und suchen nach Lösungen für dieses Problem. Manche Leute schießen dabei weit über das ethisch Akzeptable hinaus, wenn sie z.B. vorschlagen, alte Menschen weniger gut zu versorgen und Operationen bei Menschen in höherem Alter nicht mehr zu genehmigen. Dergleichen haben zwei deutsche Professoren und ein junger Politiker öffentlich gefordert. Es war ermutigend, dass in dieser Situation der Sozialverband Deutschlands sofort reagierte. Er erstattete gegen die beiden Professoren Anzeige wegen des Verdachts auf Anstiftung zum Mord aus niederen Beweggründen. Und der Verbandspräsident Peter Vetter erklärte dazu, es handle sich um die »unverblümte Aufforderung zur Euthanasie aus Altersgründen. Das einzige Motiv sei die Sanierung der Krankenkassenfinanzen - ein eindeutig niederer Beweggrund, nichts als Unmenschlichkeit.«

Falsch ist auch der Weg, den man in Japan beschreiten wollte. Keine Nation altert so rapide wie die Japans. Bis 2020 werden 35% der Japaner über 60 Jahre alt sein. Dem japanischen Sozialsystem droht langfristig der Kollaps. Kürzlich hat der japanische Finanzminister Masajuro Shiokawa, 81 Jahre alt und Senior des Kabinetts, gefordert, japanische Greise ins Ausland zu exportieren. Australien und die Philippinen werden im »Silver Columbia Plan« als Entsorgungsziele vorgeschlagen. Damit möchte »Opa Shio« die Rentenkassen entlasten. Widerspruch und Proteste kamen aus den auserkorenen Gastländern - nicht aber aus der japanischen Öffentlichkeit (Quelle: Spiegel online 13.8.2003).

Die Politik ist gefordert, anstelle solch unmenschlicher Entsorgungsszenarien ein vernünftiges Konzept vorzulegen. Aber auch jeder Einzelne von uns kann seinen Beitrag dazu leisten, indem er sich so lange wie möglich fit hält. Denn Statistiken hin, Statistiken her: Wenn die Menschen in den nächsten Jahren gesünder leben, dann werden sie auch gesünder bleiben. Sie werden dann zwar älter, aber keine Pflegefälle!

2. Der »neue alte« Mensch

Dem Altenboom darf kein Pflegeboom folgen

Nicht selten sieht man in Zeitungen und im Fernsehen die alten Menschen grauhaarig und gebeugt auf Bänken sitzen, häufig mit der Überschrift »In Würde altern« versehen. Noch immer bemuttert man in Altenklubs die Mitglieder wie Kleinkinder, bietet nur Kaffee und Kuchen und etwas Unterhaltung. Sicher bringt das auch Annäherung, es bilden sich Bekanntschaften und Freundschaften, aber der umsorgte, passive und kränkliche alte Mensch, das kann nicht der alte Mensch der Zukunft sein. Und so begegnet man in der Werbung auch immer häufiger dem Typus des aktiven und gesundheitsbewussten Senioren, der sich die Freude am Dasein erhalten hat.

In unserer Situation der Überalterung ist es dringend notwendig, dass sich der alte Mensch bis ins hohe Alter gesund hält, sich bemüht, leistungsfähig zu bleiben und möglichst selbstständig und ohne Hilfe leben zu können. In Gesundheit altern - nicht nur in Würde altern -, das ist die Zukunft!

Im Aktionsplan der EU heißt es: »In den einzelnen Ländern sollen politische Prioritäten gefordert werden, die Selbsthilfe ausgebaut, das Gesundheits- und Sozialsystem den Bedürfnissen älterer Menschen angepasst und die Gesundheitserziehung vorangetrieben werden. Präventionsangebote müssen auf die alten Menschen zugeschnitten und multidisziplinär betrieben werden.«

Der »neue alte« Mensch ist im Kommen

Tatsächlich sieht man in einem gesteigerten Maße in der Bundesrepublik, aber auch in vielen europäischen Ländern und in den USA das Bemühen, gesund und vernünftig zu leben. Ein »neuer alter« Mensch ist im Kommen. Er sieht oft schon jünger aus, als sein kalendarisches Alter es vermuten lässt und ist sowohl körperlich als auch geistig fit.

Ein neues Lebensgefühl ab 60 und darüber kommt auf. Und so nennen sich frühere »Altenklubs« wie beispielsweise in München heute »Wir Sechziger«. Sie lassen sich auch nicht mehr bemuttern und mit Kaffee und Kuchen abspeisen. Die Mitglieder wollen keine fremde Hilfe mehr, sondern ihre Freizeitaktivitäten selbst gestalten.

Sicher spielen zur Erhaltung der Vitalität im Alter körpereigene Hormone eine Rolle. Aber auch Aktivierung und Steigerung des Immunsystems ist entscheidend. Dies zu erreichen ist möglich durch gesunde

Ernährung, Bewegung, geistige Beschäftigung, innere Zufriedenheit und soziale Kontakte.

Wir wissen ja heute, dass die höchste Lebenserwartung die Einwohner der mediterranen Länder haben – die Italiener, die Spanier, die Griechen. Ein fröhliches Gemüt, Lebensfreude und viel Obst, Gemüse, Olivenöl und Seefisch in der Ernährung scheinen jung zu halten.

Diese Bewegung zum »jungen alten« Menschen erwächst wohl aus einem Instinkt oder einer realen Überlegung der Menschen unserer Tage. Sie wissen: Bei der Zunahme der über 60-Jährigen in den nächsten Jahrzehnten von 25% auf circa 38% muss man so leben, dass man im Alter noch einigermaßen leistungsfähig ist, vital bleibt und kein Pflegefall wird. Sie wissen auch: Ein Gleichzug des Pflegebooms mit dem Altersboom würde zu einem Zusammenbruch unseres Krankenkassen- und Pflegeversicherungssystems führen.

Aufklärung und Beratung
Der Gesundheits-Check

Zu dieser Wende im Bewusstsein tragen unbestritten die Medien mit ihrer gesundheitlichen Aufklärung bei. Ein Hauptverdienst gebührt aber auch den Ärzten, vor allem den Allgemeinmedizinern und den hausärztlich tätigen Internisten mit den Untersuchungen und anschließenden Beratungen beim Gesundheits-Check. Sie haben Millionen von Patienten aufgrund der Labor- und EKG-Ergebnisse gezeigt, was sie in ihrer Lebensführung falsch machen und wie sie besser leben können. Deshalb ist es sehr schade, dass die Gesundheits-Checks gekürzt und eingeschränkt wurden.

Vergessen Sie nicht, laufend Ihren Gesundheits-Check zu machen!

Im Gesundheits-Check werden mit Hilfe des Arztes beginnende Krankheiten aufgespürt, die Sie durch Ihre Ernährung und Ihre Lebensführung abwenden können!

3. Zu Hause bleiben – solange es geht!

Der alte Spruch »Einen alten Baum verpflanzt man nicht!« hat auch heute noch seine Gültigkeit. Wer im Alter in seiner - am besten altengerecht umgebauten - Wohnung bleiben und leben kann, ist sicher am glücklichsten.

Das gewohnte Umfeld behalten

Geborgenheit in der eigenen Wohnung, der Straße, im Dorf, im vertrauten Stadtviertel bringt Freude, Sicherheit und Anregung. Wenn man beim Einkauf die gewohnte Bedienung antrifft, mit der man ein paar Worte wechselt, wenn man dem Nachbarn oder der Nachbarin begegnet und kurz mit ihnen plaudert, dann bringt das Anregung und Abwechslung ins Leben. Glücklich auch, wer einen Hund hat, den er spazieren führen kann, denn da gibt es immer wieder eine Gelegenheit, mit den anderen Hundebesitzern ein Gespräch anzufangen!

Freilich haben nicht alle das Glück, noch einkaufen oder spazieren gehen zu können. Viele leben trotz ihrer Unbeweglichkeit durch Sturzverletzungen oder Schlaganfälle zwar noch selbstständig zu Hause, aber sie können ihr Haus nicht mehr verlassen. Sie sitzen in ihrer Wohnung im 4. oder 5. Stock und schaffen die Treppen nicht mehr und nicht überall gibt es Aufzüge. Nach einer Erhebung in München »Gesundheit im Alter« können 16% der alten und hochbetagten Menschen ihre Wohnung nicht oder nur unter Schwierigkeiten verlassen. Im Durchschnitt müssen sie 34 Stufen bewältigen, um aus der Wohnung ins Freie zu gelangen. Oft ist der Zugang zur Wohnung auch über die Fahrstühle und die Stufen zum Lift nicht immer gangbar und wird dann zur Barriere. Das führt zu einer Ausgrenzung aus dem öffentlichen Leben.

Freunde und Verwandte sind Kraftquellen

Glücklich zu preisen ist der alte Mensch, der viele gute Freunde und Verwandte hat, die zu ihm halten, die zu ihm kommen und auf die er sich verlassen kann - auch in schwierigen Zeiten. Freundschaften muss man sich erhalten und pflegen - schon in frühen Jahren. Einladungen, ein Kaffeekränzchen, ein gemeinsamer Spaziergang und Freundschaftsbeweise bei Geburtstagen oder Erkrankungen erhalten die Gemeinsamkeit. Freundschaften halten nur, wenn man immer füreinander da ist und für den anderen auch mal ein Opfer bringt. Freunde nehmen einem Sorgen ab, man kann sich bei ihnen aussprechen, sie beraten und helfen. Es wird mit ihnen manches leichter zu tragen sein.

Es gibt auch Spätfreundschaften. Man lernt Menschen kennen, die zu einem passen, mit denen man harmoniert. Freundschaften können entstehen auf Reisen, in Altenklubs, auf Theater- oder Konzertveranstaltungen. Ich weiß von Bekannten, die zufällig als Theaterkarten-Abonnenten monatelang immer wieder nebeneinander saßen. Man sprach kurz miteinander, fand sich gegenseitig sympathisch - und dann kam die Einladung zum häuslichen Kaffee und zu einem Spaziergang. Und es wurde eine echte Freundschaft! Man darf solchen Gelegenheiten nicht aus dem Wege gehen, man muss sie nützen. Gespräche mit Menschen, die dieselben Interessen haben, bringen immer Anregung und erhalten das Gedächtnis und den Geist lebendig! Und das braucht man im Alter.

Aus Untersuchungen ist bekannt, dass Menschen, die kaum Freunde haben und keine Kinder, die sie ab und zu besuchen, die also wenig Ansprache und menschlichen Kontakt haben, viel leichter zu Depressionen und Demenz im Alter neigen. Bei den über 80-Jährigen sind es über 20%, in höherem Alter noch mehr. Wir wissen, dass bei vielen alten Menschen, denen es an Ansprache mangelt oder die im Pflegeheim leben, sogar der Intelligenzquotient ganz erheblich absinkt.

Oft findet bei alten Menschen das einzige Gespräch am Tag mit dem Essensbringer vom »Essen auf Rädern« statt, bei vielen ist es nur der Telefonanruf eines Freundes. Darum wäre es so wichtig, überall **Telefonketten** aufzubauen. Allerdings ist es nicht so einfach, Telefonketten unter alten Menschen zu organisieren, denn dazu muss man sich kennen und Vertrauen zueinander haben. Man kann es im Bekanntenkreis machen, in Altenklubs, in Altenservice-Zentren, in Senioren-Sportgruppen, in Vereinen und Organisationen. Es wäre sicher notwendig und hat für die nächste Zukunft eine große Bedeutung, wo doch Kontakt und Gespräch unter den vielen alten Menschen immer spärlicher werden. Telefonketten geben nicht nur Sicherheit, sie verhüten auch Vereinsamung und helfen bei schlechten Stimmungen und Depressionen. Wenn unter den Anrufern gar noch ein lustiger Mensch ist, der aufheitern kann, so bringt das Telefonieren echten Gewinn und erhellt oft den Tag.

Die Telekom sollte die Situation alter Menschen berücksichtigen und Verbilligungen für Senioren anbieten, denn oft müssen Rentner mit jedem Cent rechnen und der ist schnell vertelefoniert.

Haustiere machen Freude

Gute Freunde und Kameraden, die viel Freude machen und die Gesundheit kräftigen helfen, sind Tiere, ob

Hunde, Katzen oder Vögel. Ein Tier bringt Leben und Freude ins Haus und fördert die Bewegung. Mit einem treuherzig blickenden Hund oder einer anschmiegsamen Katze an seiner Seite fühlt man sich nicht länger einsam und allein, sondern »tierisch« wohl. Mit Recht heißt es in der Veröffentlichung des »Forschungskreises Heimtiere in der Gesellschaft« in Hamburg »Vom Glück, mit Tieren zu leben«: »Sie sind treue Kumpel und zärtliche Schmuser, putzige Gesellen und farbenprächtige Hausgenossen. Wer mit Hund, Katze, Wellensittich oder einem Heimtier Freundschaft schließt, ist um vieles reicher im Leben. Heimtiere sind Allheilmittel für Körper und Seele. Sie vertreiben Kummer und Sorgen und halten unsere Gesundheit auf Trab. Für Kinder sind sie Spielgefährten von großem erzieherischem Wert. Kinder lernen, Geduld und Toleranz zu üben und Verantwortung zu tragen. Ältere sehen in der Fürsorge für ihr Tier eine wichtige Aufgabe. Und Singles mit Heimtieren fühlen sich selten einsam. Heimtiere sind wertvolle Freunde des Menschen und bringen Glück ins Haus.«

Neue Forschungen haben gezeigt, dass Hundehaltung nicht nur soziale, sondern auch gesundheitliche Vorteile bringt. Verschiedene Untersuchungen berichten über einen geringeren Blutdruck und Pulsanstieg oder sogar eine Blutdrucksenkung in Gegenwart eines Hundes (»Hundehaltung und Gesundheit – ein Plädoyer aus geriatrischer Sicht« von Wolfgang von Renteln-Kruse in »Geriatric Journal«, Februar 2002).

Große Erleichterung, Zuwendung und glückliche Stunden bemerkt man bei Alzheimer-Kranken, wenn sie von ihrem Hund oder ihrer Katze umschmeichelt werden. Emotionale Bindungen können für die Überwindung von Krisensituationen wichtig sein.

Nicht umsonst bemühen sich viele Menschen – auch Institutionen – darum, dass Tiere ins Alten- und Pflegeheim mitgenommen werden können. In vielen Altenheimen ist das auch erlaubt. Hunde halten ist zwar nicht gut möglich, aber die Hauskatze, der Kanarienvogel, der Hamster können Freude und Ablenkung vom Alltag bringen.

Mitarbeit in Gemeinschaft und Familie

Viel Freude und Erfüllung bringt auch das Mitwirken und Mitarbeiten in Gemeinschaften. Das Zusammensein mit Mitmenschen schützt vor Vereinsamung. Wer die Gabe zum Singen hat, der gehe in den Kirchenchor, der andere hat Schafkopf- und Skatbrüder, wieder ein anderer ist Schatzmeister in einem Sportverein oder im Saunaklub.

Viele helfen in der kirchlichen Gemeinde mit oder in der Nachbarschaftshilfe. Wie viel Freude macht es, wenn man noch rüstig auf den Beinen ist, »Essen auf Rädern« auszufahren, sich mit den Leuten zu unterhalten! **Unsere Gesellschaft mit ihrer Überalterung braucht auch mehr und mehr rüstige Alte, die den gebrechlichen Alten helfen und ihnen beistehen.** So kann das Alter wirklich »die hohe Zeit des Lebens« (Kurt Rommel) werden. Alt sein heißt dann für viele

- unentbehrliche Hilfe für Kinder und Enkel sein,
- Zeit haben für seine Freunde und seine Hobbys,
- begehrter Mitarbeiter sein in Kirche und Gemeinde, in Vereinen und in der Volkshochschule,
- Zeit haben zur eigenen Weiterbildung und zum Lernen,
- Endlich Zeit haben für den gemeinsamen Urlaub,
- Geschätzter Helfer sein z.B. in der Gemeinde-Diakonie, in der Nachbarschaftshilfe.

Das Auto macht selbstständig

Man sollte sich nicht zu früh von seinem Auto trennen, wenn man sich dafür noch gesund genug fühlt. Das Auto bedeutet immer auch Selbstständigkeit, hebt das Selbstbewusstsein und fördert die Eigenverantwortung. Man muss für seine Pflege sorgen, man muss zum TÜV, zum Tanken, zur Überholung. Es bringt Kontakt.

Vor allem aber kann man damit ins Freie fahren, man kommt schneller in die Umgebung der Großstadt zur Erholung und zum Spazierengehen. Man kann seine nahen Urlaubsziele schneller erreichen und schafft sich so Freude - das gibt wieder neue Kraft. Durch Ausflüge mit der Familie oder mit Freunden kann es den Gemeinschaftssinn fördern.

Allerdings sollten ältere Menschen ihre Ausflüge und Urlaubsfahrten möglichst so einrichten, dass sie unter der Woche fahren und nicht gerade am Sonntag, wenn alle unterwegs und die Straßen voll sind. Auch sollte man Urlaubsfahrten nicht in der Zeit planen, wo alle Familien mit Kindern, also während der Ferienzeit, unterwegs sind und die Straßen dadurch ohnehin überlastet sind.

Wann muss man die Hand vom Steuer lassen?

Freilich gibt es Alterserkrankungen, die verlangen, dass man die Hand vom Steuer lässt. Dazu gehören:

- schwere Seh- und Hörstörungen
- schwerer Diabetes mit Gefahr von Unterzuckerung bei Patienten, die Insulin spritzen
- Zustand nach Schlaganfällen und Beeinträchtigungen nach Herzinfarkten
- erhebliche cerebrale Durchblutungsstörungen mit grobem Nachlassen der Konzentration und der Merkfähigkeit

Im Zweifelsfall soll man immer den Hausarzt um Rat fragen, damit man nicht sich und andere gefährdet.

Senioren im Straßenverkehr

Sosehr man den Senior am Steuer loben kann, so unerfreulich ist sein Verhalten als Fußgänger. Zu oft wagt er das Überqueren der Straße, ohne sich eine Ampel als Überquerungsstelle zu wählen. Manchmal sieht man alte Menschen kopflos noch bei Rotlicht über die Straße gehen. »Der Autofahrer soll aufpassen!«, meinen sie nicht selten.

So gehören auch leider im Straßenverkehr die meisten Opfer der älteren Generation und den Kindern an. Deshalb noch einmal die Mahnung an die Autofahrer, auf die schwächsten Verkehrsteilnehmer Rücksicht zu nehmen - die Senioren und die Schulkinder!

Es ist empfehlenswert, in den Altenklubs und Seniorenheimen ab und zu einen Vortrag von einem Verkehrspolizisten zu hören, der wieder auf die vielen Gefahren hinweist, die man oft vergisst oder die man leichtsinnigerweise missachtet.

Ganz wichtig sind folgende Regeln:

- Nur bei Ampeln die Straße überqueren und nur bei Grünlicht!
- Aufpassen auf die Radwege und diese nicht betreten!
- Beim Überqueren von Straßen, die weit und breit keine Ampel haben, zunächst nach links sehen und ab der Mitte der Straße nach rechts!
- Nicht den Kopf durchsetzen und einen Übergang einfach erzwingen wollen!

- Lieber warten und sich Zeit lassen, als unbedacht auf die Straße laufen; es gilt, wie so oft: Eile mit Weile!
- Es ist auch keine Schande, sich von Jüngeren helfen zu lassen, wenn es im Verkehr, an Straßenkreuzungen und in der U-Bahn oder der Straßenbahn recht geschäftig zugeht.

Die gesunde Lebensführung und Ernährung

Wir alle wollen gesund bleiben, besonders die mitten im Leben Stehenden und die Alten. Bemühen wir uns also alle um eine gesunde Lebensführung?

Weit gefehlt: Aus dem Deutschen Gesundheitsministerium erhalten wir die folgende Mitteilung: Die Mehrheit der deutschen Bevölkerung ist zwar gesundheitsbewusst eingestellt, lebt aber nicht so! Laut dem aktuellen Gesundheitsbericht des Gesundheitsministeriums hält es knapp die Hälfte der 20- bis 50-Jährigen für notwendig, regelmäßig Sport zu treiben, und auch das Bewusstsein für gesunde Ernährung wächst.

Dennoch leben nur vier Prozent der Deutschen tatsächlich konsequent gesund. Warum das so ist? Noch wird ein gesundes Leben als Gegensatz zu einem genussvollen Leben verstanden und eher mit Verzicht gleichgesetzt. Alltagsstress, Faulheit und Zeitnot geben alle Befragten als Hauptgründe dafür an, warum sie trotz besseren Wissens ihr Leben nicht gesünder gestalten.

Besonders im Alter ist jedoch eine gesundheitsbewusste Lebensführung wichtig und entscheidend, um gesund alt zu werden: gesunde Ernährung, körperliche Bewegung, geistige Betätigung und Nichtrauchen sind die Grundlagen dazu!

Die gesunde Ernährung

Die amerikanische Herzgesellschaft und die Weltforschungszentrale legen für alle Ärzte, Krankenhäuser und alle Gesundheitsorganisationen folgende Information vor:

So senken Sie Ihr Infarktrisiko
Die neuen Ernährungsregeln der amerikanischen Herzgesellschaft

- 5 x täglich Obst und Gemüse
- 6 x täglich Vollkornprodukte
- 2 x wöchentlich Fisch – Meeresfisch
- weniger tierische Fette
- hochwertige Pflanzenfette bevorzugen
- maximal 6 g Salz täglich

Quelle: AHA Dietary Guidelines, Circulation 2000; 102: 2284–2299

Weltkrebsforschungsfonds
Friedrichstraße 47
60323 Frankfurt am Main
Tel: 069/706098-0
Fax: 069/706098-11

Ernährungs- und Gesundheitsrichtlinien zur Krebsprävention:

1. Wählen Sie eine Ernährung, die eine Vielfalt an pflanzlichen Nahrungsmitteln aufweist.
2. Essen Sie reichlich Gemüse und Obst.
3. Halten Sie ein gesundes Gewicht und sorgen Sie für ausreichend körperliche Bewegung.
4. Trinken Sie Alkohol nur in Maßen – wenn überhaupt.
5. Wählen Sie Lebensmittel mit einem niedrigen Salz- und Fettgehalt.
6. Achten Sie auf schonende Zubereitung und hygienische Aufbewahrung von Lebensmitteln.

Und denken Sie stets daran: Rauchen Sie nicht und vermeiden Sie jeglichen Tabakkonsum!

Forschungsergebnisse weisen den **Zusammenhang zwischen unseren Ernährungsgewohnheiten und der Wahrscheinlichkeit, an Krebs zu erkranken**, immer deutlicher auf.

Wissenschaftliche Studien zeigen darüber hinaus, dass **30% bis 40% aller Krebsfälle im Zusammenhang mit ernährungsbedingten Faktoren stehen.**

So deprimierend dies auch klingen mag, wir können uns nicht der Tatsache entziehen, dass sich einer von vier Deutschen damit auseinander setzen muss, dass er im Laufe seines Lebens an Krebs erkranken wird. Aber es besteht Hoffnung für die Zukunft, da Krebs eine Krankheit ist, der man weitgehend vorbeugen kann, indem man sich vernünftig ernährt.

Viele sind erstaunt, wenn sie oben stehende Aufstellung sehen. Dies alles einzuhalten sei doch unmöglich, wenn man in Arbeit stehe, wenn man im Alter zu Hause sein Essen bereite. Es entspricht jedoch der Speisekarte der meisten echten und strengen Vegetarier. So heißt es auch weiter in den Gesundheitsberichten: Nur 20% in der Bundesrepublik essen gesund.

Dabei ist schon viel gewonnen, wenn man bei den Zwischenmahlzeiten statt Wurstbroten und Pommes frites einen Apfel isst oder eine Banane. So hat die Barmer-Ersatzkasse in einer Aktion »Präventiv aktiv« der Currywurst die rote Karte gegeben und vor allem in den Kindergärten und Schulen die Vorzüge einer ausgewogenen Kost aufgezeigt.

Für den alten Menschen gibt es dazu noch einige andere bemerkenswerte Verhaltensregeln:

Besser 5 kleine Mahlzeiten als 3 üppige!

Die Ernährung des alten Menschen ist dadurch gekennzeichnet, dass der Kalorienbedarf erheblich verringert ist. Wichtig ist, von den üblichen drei größeren und üppigeren Mahlzeiten abzukommen und die Tagesmenge auf **fünf Portionen** zu verteilen, darunter drei weniger umfangreiche und zwei Zwischenmahlzeiten. Damit sind Herz und Kreislauf weniger belastet und der Magen verdaut leichter.

Als Zwischenmahlzeiten können Obst, Joghurt, Vollkornbrot oder Tee und Quarkbrot und auch - wenn man es denn so gewohnt ist - Kaffee mit Vollkorngebäck kräftesteigernd sein. Allerdings sollte der Nachmittagskuchen keine tägliche Gewohnheit werden, da er Zucker und Cholesterin erhöht und sich dadurch gesundheitsschädigend auswirken kann.

Man hat nachgewiesen, dass durch Zwischenmahlzeiten die absinkende Leistungskurve günstig beeinflusst werden kann.

Keine besondere »Altenkost«

Die grundsätzliche Verordnung einer Standard-Schonkost für alte Menschen ist nicht angebracht. Nur für ernährungsbedingte Krankheiten (Diabetes, Fettsucht, Leberschäden, Cholesterin- oder Harnsäureüberschuss) ist eine ärztlich verordnete spezifische Diät notwendig.

Als **Grundlage einer gesunden altersgerechten Ernährung** stellt der Ernährungsexperte Dr. med. Warning auf: »Ernährung im Alter ist eine vollwertige, abwechslungsreiche und schmackhafte Mischkost. Ihr täglicher Energiebedarf ist auf 1500 bis 2200 Kilokalorien eingestellt. Ihr Angebot an Kohlehydraten, Fett und Eiweiß ist ausgewogen. Zucker und Süßigkeiten sind zu reduzieren, Kohlehydrate und Fett maßvoll verringert und die Eiweißzufuhr leicht angehoben.«

Einige Hauptpunkte seien noch aufgeführt:

• Essen Sie so **wenig Zucker und Süßigkeiten** wie möglich. Achten Sie auch auf Zucker, der in Limonaden und sonstigen gesüßten Getränken, in Konfitüren, Gebäck, Eis und Süßspeisen steckt. Zucker bringt nur »leere Kalorien« und begünstigt Fettansatz.

• Essen Sie vorwiegend **Vollkornbrot** und nur ausnahmsweise Weißbrot. Vollkornbrot enthält wesentlich mehr Vitamine und Mineralstoffe als Weißbrot.

• Bevorzugen Sie Gerichte aus **Vollkornflocken**, Frischkornschrot, Vollreis oder Hirse.

• Frühstücken Sie möglichst regelmäßig **Müslis** aus frisch geschroteten Getreidekörnern oder (wenn es schnell gehen muss) Fertigmüslis.

• Nehmen Sie zu Ihren Mahlzeiten möglichst regelmäßig **Rohobst**, größere Portionen **Rohsalate** und gedünstetes Gemüse der Jahreszeit entsprechend.

• Essen Sie so **wenig Feinmehlgebäck**, Kuchen oder Torten wie möglich.

• Entwickeln Sie Spürsinn für **Fett** und sorgen Sie dafür, dass der gesamte tägliche Fettverzehr im Normalfall **nicht über 90 Gramm** pro Tag hinausgeht.

• **Meiden** Sie **fettreiche Speisen** und achten Sie auf in Nahrungsmitteln verstecktes Fett.

• Verwenden Sie **naturbelassene Pflanzenöle** (reich an hochungesättigten Fettsäuren und Vitamin E), um Rohsalate anzurichten und Gemüse zu dünsten.

• Essen Sie täglich genug **hochwertiges Eiweiß** - insbesondere aus Milch, Sauermilch, Quark, fettarmen Käsesorten, Sojaprodukten, Kartoffeln, Gemüse und Vollgetreideprodukten. Ergänzen Sie diese Eiweißversorgung durch Eiweiß aus magerem Fleisch, magerem Geflügel und Fischen. Im Alter braucht man mehr Eiweiß - es ist durch nichts anderes zu ersetzen.

• Essen Sie durchschnittlich **nicht mehr als ein Ei pro Tag**, denn Eier enthalten viel Cholesterin.

• Essen Sie gut gewürzte Speisen und regen Sie Ihre Organe durch **Gewürze** und Gewürzkräuter an. Verwenden Sie dafür **weniger Salz**. Eine gut zubereitete Kost hat genügend anregende und schmackhafte Substanzen. Vermeiden Sie daher übermäßiges Pfeffern und Salzen! Der Geschmack kann durch Zwiebeln und Gewürzkräuter verbessert werden. Zum Anrichten des Salates sollen nur Öl, etwas Zitrone und je nach Art des Salates Gewürzkräuter wie Dill, Borretsch, Estragon, Petersilie und Schnittlauch verwendet werden. Gut schmecken auch Majoran, Kresse, Knoblauch, Bohnenkraut, Basilikum, Kerbel und Salbei. Weinessig und Kräuteressig sind möglichst sparsam zu verwenden. Essigessenz gar nicht! Frischkost und Tiefkühlkost sind immer gesünder als Konservenkost.

• **Trinken** Sie im Alter reichlich, mindestens 1 1/2 bis 2 Liter täglich. Trinken Sie am besten zuckerfreie Fruchtsäfte, natriumarme Mineralwässer, Kräutertees, Apfeltee, Hagebuttentee.

• Genießen Sie **Bohnenkaffee**, schwarzen **Tee**, **Bier** oder **Wein** nur **in kleinen Mengen**. Man muss selbst darauf achten: Macht Bohnenkaffee oder schwarzer Tee zu munter oder unruhig und schläft man nicht, wenn man ihn nachmittags oder abends trinkt, dann soll man damit vorsichtig umgehen. Viele Menschen, vor allem solche mit Bluthochdruck und Überfunktion der Schilddrüse, vertragen Kaffee und schwarzen Tee nicht. Dann sollte man sich für den koffeinfreien Kaffee entscheiden oder statt schwarzem Tee Kräutertee trinken. Denn sowohl Koffein im Kaffee wie auch Thein im Tee sind Anregungsmittel, Wachhalter und eben »Genussmittel«.

Viele - vor allem Menschen mit niedrigem Blutdruck - schwören auf ihr »Tasserl Kaffee« oder ihren Espresso, für viele wirkt er bei Müdigkeit und Witterungsschwankungen belebend und anregend. Aber allzu viel ist ungesund: Untersuchungen an zehntausenden Menschen in den USA haben gezeigt, dass mehr als drei Tassen Kaffee am Tag gesundheitsschädlich sein können und zu einer Erweiterung des Herzens führen. Es ist ja klar: Wenn man an sich müde wäre und das Herz eine Ruhepause bräuchte, macht Kaffee frisch und man arbeitet auf Hochtouren weiter. So wird das Herz überlastet und reagiert darauf mit einer Herzerweiterung.

- Vorsicht ist bei älteren Menschen auch geboten bei Festlichkeiten, Geburtstagsfeiern, großen Einladungen, bei denen man dann über das gewöhnliche Maß trinkt und isst. Nicht selten lösen solche »Unmäßigkeiten« Herzanfälle und Schlaganfälle aus und großer Freude folgt großes Leid!

Auf jeden Fall hat der alte Mensch mit einem gesunden Essen einen Großteil seiner Gesundheit selbst in der Hand.

Hauptaufgabe der Nährstoffe ist der Aufbau und die Erhaltung des Körpers.

In der Jugend wachsen wir ständig. Knochen und Muskeln, Organe und Haut vergrößern sich. Auch in den späteren Jahren gibt es im Körper noch Umbau und Aufbau: Körperzellen, Blut, Haut und Haare erneuern sich Tag für Tag.

Die Tätigkeit des Körpers erfordert die ständige Zufuhr von »Betriebsstoffen«. Wie die Kohle beim Verbrennen Wärme erzeugt und Energie entwickelt, so produzieren die Nährstoffe die Körperwärme und die Kraft zur Bewegung der Muskeln.

Um zu berechnen, wie viel Wärme etwa 50 Gramm Fleisch oder 100 Gramm Brot im Körper entwickeln, legt man als Maßeinheit die Kalorie zugrunde. 1 Kalorie ist die Wärmemenge, die 1 Liter Wasser um 1 Grad erwärmt. Die Kalorien sind also nicht selbst Nahrungsmittel, die man im Laden kaufen kann, sondern bezeichnen die Wirkung, die von ihnen ausgeht. Bei der Umwandlung im Körper liefern: 1 g Eiweiß 4,2 Kalorien, 1 g Fett 9,2 Kalorien, 1 g Stärke 4,2 Kalorien.

Je mehr der Mensch tätig ist, desto mehr Kalorien verbraucht er und desto mehr bedarf er einer kalorienreichen (nährstoffreichen) Kost. Bei der Berechnung der Kalorienzahl, die der einzelne Mensch braucht, spielt aber nicht nur seine tägliche Arbeitsleistung eine Rolle, sondern auch seine Größe, sein

Gewicht, sein Knochenbau, die Tätigkeit seiner Schilddrüse. Wer viel sitzt, nur leichte Arbeit tut oder gar im Bett liegt, verbraucht weniger Kalorien.

Man hat zusammengestellt, wie viel Kalorien die einzelnen Menschen verbrauchen, und sie nach Gruppen eingeteilt, je nach ihrem körperlichen Einsatz. Freilich kann dies nur eine grob geschätzte Einteilung sein.

Die Kalorienzuteilung für den alten Menschen wird nach dem Grad der Aktivität bemessen. Den alten Menschen in Rente hat man mit **1500 bis 2200** Kalorien eingestuft. Man muss dazu aber sagen, dass der Rentner, der noch im Garten arbeitet oder viel spazieren geht oder Rad fährt, auch mehr Kalorien braucht. Büroangestellte, Schreibkräfte, geistig Arbeitende benötigen 2200 bis 2500 Kalorien. Sitzend Beschäftigte, Schneider, Feinmechaniker, Schriftsetzer, benötigen 2600 bis 2800 Kalorien. Berufe mit Muskelarbeit, dazu zählen auch Hausfrauen, benötigen 2800 bis 3000 Kalorien. Berufe mit starker Muskelarbeit (Maler, Schreiner, Metallarbeiter) benötigen 3100 bis 3400 Kalorien. Schwerarbeiter und Schwerstarbeiter benötigen 3800 und mehr Kalorien.

Um rund 3000 Kalorien zu bekommen, müsste man etwa 120 Gramm Eiweiß, 50 Gramm Fett und 500 Gramm Kohlenhydrate essen (= 3069 Kalorien).

Kost eines aktiven 65-Jährigen

Um einen Überblick über den Tagesverbrauch eines alten Menschen zu bekommen, wollen wir als Beispiel einen 65-jährigen Rentner nehmen, der 170 bis 180 Zentimeter groß ist, 70 Kilogramm wiegt, im Sommer noch seinen Garten bebaut und täglich noch ein- bis zweimal einen Spaziergang mit seinem Hund macht (Hunde sind im Alter viel wert, weil sie dazu zwingen, mit ihnen »Gassi« zu gehen).

Wir dürfen unserem »Muster« dann schon 2500 bis 2600 Kalorien zugestehen und ohne weiteres als ausreichende Kost geben. Der folgende **Seniorenkost-Fahrplan** enthält die abwechslungsreiche Vollwertkost eines Tages bei einer Zusammenstellung **für 2680 Kalorien**:

400 Gramm Obst der Jahreszeit
300 Gramm Gemüse und Salate
200 Gramm Kartoffeln
210 Gramm Getreide-Vollkornbrot oder Bier
200 Gramm Milch
100 Gramm Fleisch oder Fisch
80 Gramm Fett (davon die Hälfte versteckt)
60 Gramm Zucker (Marmelade, Honig, Schokolade mitgerechnet)
7 bis 12 Gramm Salz

In einer solchen Kost sind genügend Nährstoffe, aber auch Wirkstoffe (Vitamine, Mineralstoffe, Enzyme) enthalten. Sie kräftigt nicht nur und baut auf, sie hat auch eine anregende, krankheitsverhütende und heilende Wirkung.

Mit Freude essen

Forschungen haben die alte Weisheit bestätigt, dass sich Ärger, Aufregung und Hetze »auf den Magen schlagen«. Und wenn man sich ärgert, »läuft einem die Galle über«. Ausgeglichene Gemütsverfassung beim Essen ist für die Gesundheit noch wichtiger als die gute Zubereitung der Mahlzeit. **Der Körper kann die Nahrung nur dann ausnutzen und verarbeiten, wenn er in guter seelischer Verfassung ist.**

Kommt die Nahrung in einen »aufgeregten« Magen, so gerät der ganze Verdauungsvorgang ins Stocken, und die Magensäfte werden übersäuert. Geschieht dies oft, so droht eine Zerstörung der Magenwände. Es entstehen dann die Magengeschwüre. Andere Menschen wieder bekommen bei Aufregung Verstopfung, Sodbrennen, wieder anderen vergeht der Appetit.

Viele ältere Menschen verlieren – wenn die Kinder aus dem Hause sind – die Lust, richtig zu kochen. Dasselbe ist oft der Fall, wenn ein Partner stirbt.

- Raffen Sie sich auf! Kochen Sie jeden Tag und kaufen Sie dazu ein! Das gibt Auftrieb und Abwechslung!

• Decken Sie sich auch Ihren Tisch mit gutem Geschirr und stellen Sie einen Blumenstrauß auf den Tisch! Das macht Freude und Appetit!

• Der Dank an Gott mit einem Tischgebet oder dem schönen Wort »gesegnete Mahlzeit« und dem Wunsch, dass alle Menschen in der Welt so gut und reichlich zu essen hätten, macht jedes Essen zu einem kleinen Fest.

Alkohol im Alter

Sein Glas Bier oder sein Glas Wein wird niemand dem alten Menschen verwehren dürfen. Sie sind sogar - mäßig genossen - für den Kreislauf anregend, erweitern die Blutgefäße und führen zu einem erholsamen Schlaf. Erfahrungen zeigen, dass im Alter **Rotwein** - vor allem abends getrunken - besser verträglich ist als Weißwein, der oft aufgeregt und aggressiv macht. Beim **Bier** bringt ja der Hopfen eine beruhigende Wirkung. Ein Gläschen in Ehren kann man also auch keinem älteren Menschen verwehren.

Aber hier gilt wie überall: **Allzu viel ist ungesund!** Es kann nicht gut sein, übermäßig zu trinken und das Blut und damit das Gehirn und das Herz, den ganzen Körper mit einem Zuviel an Alkohol zu belasten. Nicht selten haben Zechgelage bei alten Menschen schlimme Konsequenzen - Schlaganfälle und Herzsensationen können folgen. Menschen mit zu viel Harnsäure und Cholesterin, Zuckerkranke, alte Menschen mit Bluthochdruck müssen besonders vorsichtig sein, das Maß nicht zu überschreiten.

»Was ist das Maß?«, werden Sie fragen. Vielleicht können wir uns an die Regeln halten, wie sie der Senior auch als Autofahrer beherzigen muss: 0,3 Promille Blutalkohol macht den Autofahrer schon bei Unfällen verantwortlich, ab 0,5 Promille Alkohol im Blut muss mit Fahrverbot, Führerscheinentzug und Strafe gerechnet werden.

Je nach Größe und Gewicht kann man grob davon ausgehen, dass ein halber Liter Bier 0,3 Promille Blutalkohol bringt, ebenso ein viertel Liter Wein oder ein Glas Schnaps. Mit einem Liter Bockbier, etwa Maibock oder »Münchener Oktoberfest-Bier«, liegt man bereits über der 0,8-Promille-Grenze.

Zu viel Alkohol enthemmt, man traut sich mehr zu, man wird leichtsinnig und übermütig. Allerdings nimmt Alkohol bei vielen Menschen auch Schwermut, Trauer, Betroffenheit – »Wer Sorgen hat, hat auch Likör«, sagt schon Wilhelm Busch.

Leider werden viele alte Leute aus dem Gefühl der Vereinsamung, des Alleinseins und der Sinnlosigkeit ihres Daseins zum Alkoholiker. Neueste Untersuchungen bestätigen, dass viele Senioren Alkohol als leichten Weg zum Selbstmord wählen.

Dass Alkohol bei Erkrankungen und Todesfällen alter Menschen eine nicht unerhebliche Rolle spielt, geht aus einer Untersuchung des Instituts für Rechtsmedizin der Universität Hamburg hervor (siehe »Ärztliche Praxis«, Nr. 28/1992). Diese hat ergeben, dass unter 1545 überwiegend plötzlich und ungeklärt Verstorbenen im Alter von 60 Jahren und darüber 143 mehr als 0,5 Promille Alkohol im Blut hatten. In einem Einzelfall wurden sogar 4,67 Promille registriert!

Elf der Verstorbenen waren Opfer eines Unfalls, vier eines Tötungsdeliktes geworden, fünf hatten Selbstmord begangen und zwei waren an einer Alkoholvergiftung gestorben.

Alkohol nur in Maßen genießen – das ist eine echte Forderung im Interesse der eigenen Gesundheit.

Kein Nikotin!

Beim Rauchen allerdings kann man ehrlichen Herzens nicht einmal das Maßhalten empfehlen. Hier gilt ganz einfach der Rat: auch im Alter ohne Zigarette, Zigarre und Pfeife!

»Wer wird so hart sein?«, höre ich sprechen. »Mein Vater und Großvater haben täglich ihre Zigarren oder ihr Pfeifchen geraucht - und sind trotzdem 80 und 90 geworden!« Sicher, es gibt Menschen mit guter Konstitution und Anlage, die von Krankheiten verschont bleiben, die der Durchschnitt der Raucher bekommt: Verengung der Herz- und übrigen Blutgefäße, »Raucherbeine«, Lungenkrebs und andere Krebsarten.

Viele Tausende müssen in der Bundesrepublik jedes Jahr amputiert werden, weil durch das Rauchen die Gefäße in den Beinen so verengt sind, dass das Blut nicht mehr durchfließen kann.

Es beginnt damit, dass man anfangs alle paar hundert Meter stehen bleiben muss, bis das Blut wieder durchfließt. Später werden die Zehen schwarz, entzünden sich, faulen fast ab - es bleibt nur noch die Amputation übrig. Oft nimmt man zunächst die Zehen ab und dann geht es immer weiter das Bein hinauf - ein scheußliches Weiterleben!

Also - warum nicht heute noch das Rauchen aufgeben? Und viel spazieren gehen, täglich vor- und nachmittags eine Stunde, langsam steigernd - das bringt nach neuen ärztlichen Erfahrungen Besserungen, ja sogar Heilung.

Nach neuesten Meldungen (Der Kassenarzt 10, 2003) gibt es schätzungsweise zwei Millionen Alkohol- und fast sieben Millionen Nikotinabhängige. Gering ist der Missbrauch von illegalen Drogen: Weniger als 200 000 Fälle schätzt die Hauptstelle für Suchtfragen (DHS) in Hamm. Jährlich werden 110 000 bis 140 000 Todesfälle ursächlich dem Rauchen zugeschrieben.

Was steht neu auf den Zigarettenpackungen? **Rauchen ist tödlich!**

Bewegung ist Leben

Zum »Aktivhalten« gehören die Bewegung, der tägliche Spaziergang, das Schwimmen, die leichte Gymnastik. Dies kann man unbegrenzt bis ins hohe Alter beibehalten.

Kein Leistungssport mehr

Mit zunehmendem Alter kann man nicht mehr unbedingt Leistungsfähigkeit hinzugewinnen, sondern lediglich Fitness und Gesundheit erhalten. Man sollte nicht mehr zu intensiv Sport treiben, sich dafür aber länger und öfter belasten. Sportler, die zeitlebens aktiv tätig waren, zum Beispiel als Geher, Radfahrer oder Skifahrer, können diesen Sport auch in Maßen weiter betreiben. Es gibt genug Senioren, die noch mit weit über 70 Jahren das Goldene Sportabzeichen ablegen. Man muss nur seine Grenzen kennen.

Gartenarbeit ist der beste Gesundbrunnen für viele alte Menschen. Nur muss man auch hier zurückhaltend sein mit schwerem Heben und Tragen und dem Umgraben. Bei den häufig vorliegenden arthrotischen Veränderungen der Knie und der Wirbelsäule kann das zu Schädigungen führen.

Bewegung und Belastung sind auch bei krankhaften Zuständen im Alter wie Arthrosis der Gelenke, Bandscheibenschäden und Hexenschuss besser als Schonung und Bettruhe. Der Orthopädieprofessor Dr. med. Bernd Rosemeyer bestätigt das aus seiner Erfahrung: **»Untersuchungen belegen, dass bei degenerativ veränderten Gelenken in Ruhe mehr Schmerzen als bei dosierter Bewegung und Belastung auftreten.«** Und er fährt fort: »Ein guter körperlicher Trainingszustand ist in jedem Lebensalter auch aktiver Unfallschutz.« Die Muskeln, die Knochen, das Gewebe sind - wenn trainiert - weniger verletzungsanfällig.

Rosemeyer weist auch darauf hin, dass im Alter der **Sport mit Freude** ausgeübt werden sollte, ohne Quälerei, nicht als Selbstzweck und auch nicht so übertrieben, dass er Schmerzen verursacht. »Der alternde Mensch braucht ein Trainingsprogramm, das auf ihn persönlich und seine Behinderungen zugeschnitten ist. Dabei sind Geduld, Ausdauer und Geschicklichkeit wichtiger als Aggressivität und schnelle Belastung. Diese muss langsam gesteigert werden. Da die Tendenz zur chronischen Minderbelastung weitaus größer ist als zur chronischen Überbelastung, sollte individuell und mit Freude an der Bewegung Sport getrieben werden. Wie beim Kind ist auch bei alten Menschen das spielerische Element beim Sport sehr wichtig. Verbissenes Sporttreiben als Selbstzweck wird nicht über einen längeren Zeitraum durchgehalten und ist schon deshalb wenig effektvoll.« (Bernd Rosemeyer: »Altern - Leistungsfähigkeit und Training aus orthopädischer Sicht«, in: Deutsches Ärzteblatt 5, 18. September 1992).

Nordic Walking und Seniorentanz

Sehr im Kommen und sehr bewegungsfördernd ist das **Nordic Walking**. Man geht mit zwei Stöcken, ähnlich wie beim Skilanglauf. Der Sporttrend kommt aus Finnland zu uns. Beim Nordic Walking führt intensives Gehen mit kraftvollem Armeinsatz zur Fitness. Es werden dabei 90 Prozent der gesamten Muskulatur trainiert und die medizinischen Vorteile sind enorm. Nordic Walking senkt erhöhten Blutdruck, stärkt Herz, Kreislauf und Immunsystem und beugt Altersdiabetes und Osteoporose vor. Auf dem Titelblatt des »Deutschen Ärzteblattes« vom 11. April 2003 steht mit Recht: »Bewegung senkt kardiale Mortalität!«

In vielen Altenklubs gibt es regelmäßig den **Seniorentanz**, der viel Freude und Entspannung bringen kann. Freilich sind oft auch hier die Frauen in der Überzahl und die Männer Hahn im Korb, aber es bringt trotzdem viel Spaß und Bewegung.

Seniorensportgruppen

Eine große Hilfe sind für den alten Menschen beiderlei Geschlechts die Seniorensportgruppen, die mit Rücksicht auf den älteren Körper vorsichtigen Sport und Gymnastik betreiben und vor allem Anregungen geben, welche Übungen man bei der täglichen Gymnastik zu Hause leicht betreiben kann. Viele Sportvereine, Altenklubs, kirchliche Organisationen usw. bieten heute eine solche Sportmöglichkeit für Senioren an. Ihr Hausarzt kennt sicher solche Gruppen und kann zum Mitmachen anregen. Er kennt auch Ihre Krankengeschichte und Ihren Kräftezustand und kann so am besten Rat geben, was Sie sich zutrauen können.

Der **Deutsche Sportbund** und der **Deutsche Turnerbund** werben gemeinsam unter dem Motto »Gymnastik – im Verein am schönsten« um die Senioren. Fragen Sie doch einfach mal im nächsten Turnverein nach!

Sonne, Wasser und Luft

»Gesundheit kauft man nicht im Handel, sie liegt im eigenen Lebenswandel«, so sagt man. Zur Erhaltung unserer Gesundheit stehen uns viele Möglichkeiten offen. Sie sind meist billig, oft kostenlos. Vorbeugen ist besser als heilen.

Kostenlose Gaben der Natur sind die Sonne, das Wasser, die Luft. Man muss im Alter verstehen, die **Sonne** zu genießen, aber oftmals vorsichtiger und nicht so lang und heftig. Man sollte jeden Strahl nützen, die Fenster öffnen und die Betten raus an die Sonne legen. »Wo die Sonne hinkommt, kommt der Arzt nicht hin«, lautet ein altes Sprichwort.

Gesund und kräftigend sind Sonnenbäder – doch nur, wenn sie vorsichtig genommen werden. Man kann mit einigen Minuten beginnen und die Dauer langsam steigern. Stundenlanges Liegen in der prallen Sonne schadet der Gesundheit. Besser ist es, sich in der Sonne zu bewegen. Vorsicht ist geboten im Hochgebirge und an der See. Hier ist die Einstrahlung besonders stark.

Einwandfreies **Wasser** ist nicht nur das gesündeste Getränk, sondern auch unser bestes Reinigungs-, Abhärtungs- und Heilmittel! »Im Wasser ist Heil!«, sagte schon Sebastian Kneipp. Wasseranwendungen regen die Haut an und auf diesem Wege die Blutgefäße und das Herz-Nervensystem. Sie wirken auf den Kreislauf und den Stoffwechsel.

Passivität, Bewegungsarmut, aber auch seelische Störungen und Depressionen führen nicht selten zu Erkrankungen des Bewegungsapparates, vor allem zu Rückenschmerzen. Heute weiß man aus Untersuchungen, dass der alte Spruch nach Leid und Unglück »Mir hat es das Kreuz gebrochen« wirklich stimmt. **Unzufriedenheit zu Hause oder Mobbing am Arbeits-**

platz fördern chronische Rückenschmerzen. »Sorgen, Angst, Schlaflosigkeit, Traurigkeit, soziale Abhängigkeit, Isolation, aber auch Langeweile begünstigen den Schmerz. Frauen sind besonders gefährdet.« (Münchn. Medizin. Wochenschrift vom 10. 4. 2003).

Darum Bewegung mit Freude und innerer Zufriedenheit!

Eine Betätigung in der Gruppe unter ärztlicher Aufsicht bringt nicht nur eine langsame Steigerung der körperlichen Leistungsfähigkeit, sondern auch Unterhaltung und soziale Kontakte. Das menschliche Miteinander ist ein zusätzlicher Heilungsfaktor.

Fit im Kopf bleiben

Geistige Beschäftigung, Übung des Gedächtnisses und aktive Mithilfe in Gemeinschaften halten frisch und aktiv.

Viele Menschen entdecken erst im Alter ihre handwerklichen und künstlerischen Neigungen und verbringen mit anderen in Seniorengemeinschaften oder kirchlichen Gruppen beglückende Stunden.

Glück und gute Laune stärken die körpereigenen Abwehrkräfte besser als jedes Medikament!

Viele finden Freude und Erweiterung ihres Horizonts in Seniorenprogrammen der Volkshochschulen oder in Universitäten. Nicht wenige fangen erst im Alter zu reisen an, bereiten die **Urlaubsreisen** durch kulturgeschichtliche und geschichtliche Studien vor und versuchen, die Grundlagen der Sprache des Landes zu erlernen, in das sie reisen wollen.

Unser Gedächtnis

Man muss im Alter stets bemüht sein, sein Gedächtnis zu schulen und seine Merkfähigkeit zu erhalten. Zwar fallen einem mit zunehmendem Alter häufig Namen und Worte nicht mehr ein - diese kommen aber oft nach stundenlangem Bemühen wieder von selbst. Es handelt sich bei solchen Aussetzern nicht gleich um die Alzheimer-Erkrankung, wie viele alte Menschen befürchten, sie könnten jedoch bei konsequentem Fortschreiten der Anfang davon sein. Eine Leistungsminderung des Kurzzeitgedächtnisses ist bei alten Menschen etwas völlig Normales, während das Langzeitgedächtnis erhalten bleibt.

Aber man sollte sein Gedächtnis unbedingt schulen. Die heutigen Ratespiele im Fernsehen sind da gute Übungsmöglichkeiten.

Beispiele zur Gedächtnisschulung

Zum Schulen des Gedächtnisses sollte man nicht nur Kreuzworträtsel lösen - wie wichtig dies auch sein mag -, sondern sich auch eigene Aufgaben suchen:

- So kann man beim Einkaufen den Einkaufszettel, den man vorher zusammengestellt hat, in der Tasche behalten und versuchen, alles »aus dem Gedächtnis« heraus zu finden. Erst am Schluss des Einkaufs holt man ihn heraus und kontrolliert, ob man nichts vergessen hat.

- Man versucht, »aus dem Kopf« für alle Buchstaben des Alphabets von A bis Z männliche und weibliche Vor- und Nachnamen zu finden; dabei sollte man möglichst Personen aus dem eigenen Bekanntenkreis aufführen, denn gerade Namen fallen dem alten Menschen häufig nicht ein, auch wenn sie oft »auf der Zunge liegen«.

- Man berichtet abends dem Partner, was man morgens früh in der Zeitung gelesen hat. Dabei sollte man sich auch Zahlen merken, wie hoch zum Beispiel der Ätna ist, auf dem gerade ein Vulkanausbruch großen Schaden anrichtet.

- Man berichtet von dem Film, dem Fernsehspiel vom vorigen Abend – mit genauer Schilderung der Personen. Wie hießen die Schauspieler?

- Man erzählt den Witz weiter, den man gestern gehört hat.

Entspannung – der Weg zum Glück

Nicht selten hört man den Ausspruch von alten Menschen: Ich habe keine Zeit. Ich bin zwar Rentner, ich bin aber immer auf Trab! Solange es Freude macht und man sein Herz nicht überlasten, sich zu Stressarbeit und Hetze zwingen muss, ist das sicher eine gangbare Lebensgestaltung, auch im Alter.

Ganz wichtig - die Muße

Weil der alte Mensch sich dem Tempo in unserem täglichen Leben, beim Einkauf, in der U-Bahn, im Straßenverkehr nicht entziehen kann, ist für ihn eine **tägliche Muße- und Ruhestunde** unentbehrlich geworden. Wir sollten uns nach Feierabend mit Dingen befassen, die uns Freude machen: mit guten Büchern, mit Musik, die wir hören oder selbst spielen, mit Heimat- und Volksliedern. Viele Menschen lassen ihre guten Anlagen zum Singen, Spielen und Vortragen verkümmern. Lassen Sie sie im Alter wieder aufleben, wo man doch mehr Zeit hat: Es macht viel mehr Freude, sich aktiv zu betätigen, als sich nur ans Radio oder vor den Fernseher zu setzen und wahllos irgendwelche Sendungen anzuhören oder anzusehen. Wer Enkel hat, für den gibt es auch nichts Schöneres, als den Enkeln Märchen oder Geschichten vorzulesen oder zu erzählen. Die Großmutter und der Großvater von früher werden immer seltener - leider!

Heiligen Sie den Sonntag, der nicht umsonst geschaffen wurde, und begehen Sie ihn im Familienkreise als einen Tag der Entspannung. Vergessen Sie nicht, Besinnung und Ruhe auch beim Herrgott zu finden!

Gleich welcher Religion Sie sind, holen Sie sich Kraft im Gottesdienst, in der Andacht, im Gebet. Tanken Sie hier wieder Mut und Vertrauen! Auch die kirchliche Gemeinde ist ein Kraftquell und eine Stütze und kann Geborgenheit und Gemeinschaft schenken.

Gesunder und erholsamer Schlaf

Zu den Hauptkraftquellen eines gesunden Lebens gehört erholsamer, ausreichend langer und tiefer Schlaf. Einer alten Regel zufolge sind die Schlafstunden vor Mitternacht die erholsamsten. Aber wer kann in unserer Zeit schon »mit den Hühnern« ins Bett gehen und mit ihnen aufstehen? Da ist abends das Fernsehen, die Nachrichten – die will man doch auf jeden Fall hören!

Jeder Mensch hat einen anderen Schlafrhythmus und den wird man auch im Alter beibehalten. Der eine geht früh ins Bett und steht früh auf, der andere ist ein »Nachtlicht« und kommt morgens erst spät aus den Federn. Wie sagt doch in Shakespeares »Was ihr wollt« Junker Tobias von Rülps: »Nach Mitternacht auf sein und dann zu Bette gehn, ist früh; und also heißt nach Mitternacht zu Bett gehn, früh zu Bett gehn.«

Über die Schlafdauer ist man geteilter Ansicht: Manche meinen, im Alter bräuchte man weniger Schlaf, weil man ja weniger tätig ist. Das ist nur zum Teil richtig. Die nervlichen Belastungen der Umwelt, der ständige Lärm durch Autos, Flugzeuge und Maschinen sind aufreibender als früher und erfordern eine Entspannung und Ruhigstellung im Schlaf. 6 bis 8 Stunden Schlaf in der Nacht sind schon notwendig.

Der alte Mensch hat aber noch eine Ausweichmöglichkeit - den **Nachmittagsschlaf**. Man sollte ihn nie ausfallen lassen. Und zwar sollte man sich dazu ins Bett legen und richtig schlafen. Das kräftigt das Herz, der »Herzmotor« hat Ruhepause! Wie wohl tuend der Nachmittagsschlaf ist, sieht man schon daran, dass das Wasser aus den Beinen fließt und die geschwollenen Füße nach der Ruhepause wie weggeblasen sind. Das Herz pumpt besser.

Einen richtigen Nachmittagsschlaf zu halten ist auch viel besser, als zwischendurch im Lehnsessel sein Nickerchen zu machen oder gar nur so dahinzudösen, denn das nimmt den tiefen Schlaf am Abend. Tagsüber muss man sich beschäftigen, etwas tun und tätig sein - nur den Mittagsschlaf sollte man einhalten und den Nachtschlaf.

Viele alte Menschen bekommen Angst und werden unruhig, wenn es dunkel wird - vor allem, wenn sie allein sind. Da helfen beruhigende Gedanken und die

Vorstellung schöner Erlebnisse aus früheren Zeiten – aber auch ein Abendgebet: Es gibt der Seele Sicherheit und Kraft.

Eine Befragung von 2500 Patienten in einer Hausarztpraxis ergab, dass fast 60% der alten Patienten an **Schlafstörungen** leiden. Schlafstörungen treten häufig auf im Verein mit Depressionen und hirnorganischen Erkrankungen, aber auch nach Aufregungen und nervlichen Belastungen, die nachwirken, bis sie »verdaut« sind.

Von Schlafstörungen sollte erst dann gesprochen werden, wenn der Schlaf mindestens dreimal pro Woche gestört ist, die Einschlafdauer 30 Minuten überschreitet und die gesamte Schlafdauer weniger als sechs Stunden beträgt.

Vergleicht man den Schlaf junger und älterer Menschen, ergeben sich mehrere Unterschiede: Ältere Menschen schlafen später ein und wachen früher auf. Die Phasen des Tiefschlafs werden kürzer, der Schlaf insgesamt weniger tief und dadurch störanfälliger.

Es gibt viele **Schlafmittel** – leichte und schwere. Man kann es zunächst einmal mit Tee von Baldrian, Hopfen und Melisse probieren. Zu starken Schlafmitteln sollte man möglichst gar nicht greifen, man gewöhnt sich zu schnell daran und kommt dann nicht mehr ohne sie aus.

Auch der alte Mensch braucht Urlaub

Oft hört man sagen: Der alte Mensch braucht keine Erholung und keinen Urlaub – er hat ja das ganze Jahr Urlaub! Das stimmt nicht. Wir wissen ja, dass es kaum einen Rentner gibt, der Zeit hat. Sie haben immer etwas zu tun. Weil sie langsamer werden und z. B. beim Einkaufen zwei- bis dreimal so lange brauchen wie früher, vergeht der Tag zu schnell.

Erholung, Freizeit und Urlaub braucht der alte Mensch auch schon deshalb, weil ihm ein »Tapetenwechsel«, der neue Anregungen bringt und eine andere Luft, gut tut. Er kommt dann wieder viel frischer, gelöster und aktiver nach Hause.

Viele alte Menschen gehen auch ins Ausland, in südliche Gegenden, und schwören auf ihren Aufenthalt auf Teneriffa, auf Mallorca oder gar in Kalifornien. Das Klima dort ist sicher gut, und wer kein Heimweh bekommt und nicht unbedingt an seinem Zuhause hängt, für den ist das Überwintern in diesen warmen Gegenden ein Gewinn.

Zufriedenheit macht glücklich

Immer wieder fragen Journalisten oder Reporter alte Menschen, die 100 Jahre und älter geworden sind, nach ihrem Geheimnis. Oft erzählen dann Männer von dem täglichen Pfeifchen, das sie rauchen, von dem Gläschen

Korn oder Wodka vor dem Frühstück, von der Gartenarbeit, Frauen vom Stricken und Häkeln, von der Gemeinsamkeit mit den Kindern und Enkeln.

Aber wenn man in die Gesichter dieser Hochbetagten sieht, dann leuchtet bei ihnen allen eines heraus: **die Zufriedenheit**. Sicher gehört Zufriedenheit zu den elementarsten körperlichen, geistigen und seelischen Lebenskräften. Wer zufrieden ist, der ist geschützt vor Gallenkoliken, Magengeschwüren, Herzattacken. Zufrieden kann man sein in der kleinsten Hütte, in ärmlichen Verhältnissen, in der Eingeschlossenheit des Pflegeheims. Dazu kann eine **religiöse Einstellung** verhelfen, ein Vertrauen auf die Güte Gottes, auf seine Allmacht und Barmherzigkeit.

Ich erinnere mich noch heute eines Erlebnisses in meiner ersten Zeit als junger Arzt. Ich hatte einen Krankenbesuch zu machen in einem primitiven Lager für die Familien von Baschka-Deutschen, die hier ihre Notunterkunft gefunden hatten. An diesem Barackenlager am Rande der Großstadt München schien die Zeit des Wirtschaftswunders spurlos vorübergegangen zu sein. In ihm hausten die Menschen in so kleinen Zimmerchen, dass man sich wirklich am Krankenbett nicht umdrehen konnte, und die Vorhänge wehten bei geschlossenem Fenster im Wind, so dünn waren die Wände. Da stieß ich auf einen älteren Menschen mit der Verklärung des Alters in seinem gütigen, feinen Gesicht. Er saß bei offenem Fenster und sang aus seinem großen aufgeschlagenen Gebetbuch ein Lied ums andere. Er war glücklich und zufrieden in seinem Wohnloch, seiner Elendsbaracke. Ich bewunderte ihn!

Zufriedenheit heißt nicht, alle Flügel hängen zu lassen, weil es doch nicht anders geht, heißt nicht stoisches Nichtstun - zufrieden sein heißt: die gegebene Situation anzuerkennen, sich in sie hineinzufinden, mit ihr zu leben.

Man hat einmal unser Zeitalter **das Zeitalter der großen Unzufriedenheit** genannt. Menschen früherer Jahrhunderte waren kaum solchen Verführungskünsten ausgesetzt - in den Medien, in Fernsehen und Rundfunk, in der Zeitungswerbung, in den Schaufenstern - wie heute. Welches Meer von Lichtern, von Glanz und Prunk, Reklame, Druckerschwärze, Musik, Mode; Massensuggestion beeinflusst täglich und stündlich den Jedermann unserer Zeit und sucht ihn von seinem Weg abzubringen, dem Weg, den er in sich trägt und dem zu folgen er sich vorgenommen hat. Die Welt, die ihm im Fernsehen gezeigt wird, strotzt meist von Wohlstand, Glück, Reichtum und Unbeschwertheit. Und da steht er nun da mit seinen Sorgen, seinem Kampf um Arbeit, um Erhaltung seiner Wohnung und um ein angemessenes Umfeld für seine Familie. Er wünscht sich weit weg von seinen Sorgen und darum steht auch Reisen in alle Welt, Wegfahren, Unbeschwertsein mit an erster Stelle unserer Freizeitaktivitäten: Man will auch dabei sein!

Der alternde Mensch, der nicht mehr überall mithalten kann, dem aufgrund des Rückgangs seiner körperlichen und geistigen Leistungsfähigkeit manches versagt bleibt, was die Jüngeren noch können, sollte nicht neidisch und verärgert sein, weil er nicht mehr dabei sein kann. Er sollte sich zufrieden geben und zurückdenken an die Zeiten, da er sich das auch noch leisten konnte. Er sollte seine Unzufriedenheit nicht verdrängen, sondern offen und bewusst damit umgehen, sonst drängt er seine Wünsche und Begierden ins Unbewusste ab, wird unzufrieden, krank, nervös und neurotisch. Er sollte verführerische Wünsche nicht aus Angst und Furcht, dem nicht mehr gewachsen zu sein, verdrängen und sie im Geheimen doch wünschen, sondern ihnen aus innerer Überzeugung entsagen und mit seiner Entscheidung zufrieden sein - wunschlos glücklich, wie man im Volksmund sagt!

Zufriedene alte Menschen sind meist heiter, ausgeglichen, fröhlich, aufnahmebereit und dankbar. Ich erinnere mich noch meiner Tante Johanna, die mit 103½ Jahren starb und die bei jedem Besuch auf die Frage: »Wie geht's, Tante Johanna?« immer antwortete: »Ich bin zufrieden.« Und sie klagte und jammerte nie und war geistig rege bis zuletzt.

Zufriedene Menschen haben auch ausgeglichene Gesichtszüge, selten Falten und sie haben frische Augen. **Zufriedenheit kräftigt das Immunsystem nicht weniger als Vitamine und Aufbaupräparate!**

4. Gibt es Verjüngungsmittel?

Beeinflussung der Vitalität im Alter

Solange es Menschen gibt, solange gibt es auch schon den Wunsch nach Verjüngung und Regeneration. Dichter und Maler haben diesen Wunsch im Bild des Jungbrunnens eingefangen. Lucas Cranach schickt die alten »Weiber« in die Jungmühle - und als Backfische kommen sie wieder heraus.

Besonders in unserer Zeit, in der eigentlich nur der leistungsstarke Mensch in der Gesellschaft etwas zu sagen hat, werden zur Erfüllung des Wunsches nach Verjüngung mannigfache Methoden und Medikamente angeboten: Mit Jogging, Diät, Pillen und Tinkturen, Spritze und Skalpell rückt man dem persönlichen Verfall zu Leibe.

Kalorienzufuhr drosseln

Was man tun kann und was man besser lassen sollte, wurde neulich beim »Lifestyle und Anti-Aging«-Kongress der Universitätsklinik Heidelberg von allen Seiten beleuchtet. Eine gesicherte Maßnahme sei das

Hungern. Eine Kalorien-Restriktion von etwa 30% wirkt lebensverlängernd. Professor Dr. Dr. J. Huber aus Wien schlug - weniger drastisch - vor, in jeder Woche zwei »Anti-Aging-Tage« einzulegen, an denen man von 16 Uhr bis zum nächsten Frühstück auf Nahrungszufuhr verzichtet.

Kräuter und Gemüse

Bereits vor Jahrhunderten erforschten die Mönche und Nonnen in den Klöstern und Klostergärtnereien die **Heilkraft und Aufbaukraft von Kräutern und Gemüsen**. Schon im 9. Jahrhundert konnte die heilige Hildegard von Bingen die aufbauende Kraft von Getreidearten wie dem Dinkel nachweisen. Eine wissenschaftliche Bestätigung kam für die gerade im Orient viel gepriesene Wirkung des **Knoblauchs**. Vor kurzem hat eine amerikanische Untersuchung, die 150 Millionen Dollar kostete, die uralte Volksmeinung über den Knoblauch als wirksame Waffe gegen das vorzeitige Altern der Gefäße bestätigt. Auch Knoblauchpräparate in Verbindung mit Mistel sind sehr beliebt.

Vitamine

Erst in den letzten Jahrzehnten, insbesondere in den letzten Jahren, hat sich die medizinische Wissenschaft und Forschung mit der aufbauenden und altersverhütenden Medizin befasst. In den Jahren 1990 und 1991 entdeckten Wissenschaftler in den USA, Österreich, Deutschland und Schottland das **Vitamin E als Lebenselixier**. Vitamin E kommt vor allem in pflanzlichen Ölen wie dem Rapsöl, Sonnenblumen-, Weizenkeim- und Olivenöl und in Sojabohnen vor. Einer der Forscher, Professor Dr. Fred Gey aus der Schweiz, schreibt: »Ein niedriger Vitamin-E-Spiegel im Blut eines Menschen ist der bedeutendste Risikofaktor für rasches Altern, für Arteriosklerose und für den Tod durch Herz- und Kreislauferkrankungen. Der Mangel an Vitamin E ist gefährlicher als ein erhöhter Cholesterinspiegel, erhöhter Blutdruck oder das Rauchen.« Vitamin E ist auch in den folgenden Naturprodukten enthalten: in Vollkornbrot, Vollkornteigwaren und Müsli, in Milch und sämtlichen Milchprodukten bis hin zur Butter, in Blattgemüsen, Eiern und ganz besonders in Weizenkeimen und Weizenkeimöl.

Gönnen Sie sich also öfters einen viertel oder einen halben Liter gute Vollmilch, ein Vollkornbrot mit etwas Butter, und verwenden Sie zum Kochen und zum Salatanmachen Weizenkeimöl oder Olivenöl.

Ein **wichtiger Wirkstoff zur Gesunderhaltung und zum Aufbau von Abwehrkräften ist das Vitamin C**, das wir in Frischgemüse, Salaten und Obst vorfinden. Reichlicher Genuss dieser Nahrungsmittel ist wichtig. Viele schwören auf den täglichen **Apfel**, gut und gern auch **dreimal täglich**. Besondere Wirksamkeit schreibt man dabei auch rotem Gemüse und Früchten zu, Karotten, Tomaten und Tomatensaft, Paprika, Wassermelone und rosa Grapefruits. Karotten roh und als Gemüse helfen bei Augenleiden.

Papaya und Ginkgo

Ganz neu ins Gespräch kam die Kraft einer Kur mit **Papaya-Früchten**, einem neuen Wunderelixier. Nach einer Kur mit Papaya soll der schwer kranke Papst Johannes Paul II. aufgeblüht sein und seine aktive und begeisternde Friedensrede vor dem Irak-Krieg gehalten haben.

Ein neu entdeckter Heilstoff ist die Kraft des **Ginkgo-Baumes** und seiner Blätter. Ginkgo bewirkt im menschlichen Organismus - vor allem im Gehirn - positive Effekte. Seine Wirkstoffe dringen - so fanden die Wissenschaftler heraus - bis in die feinsten Gefässe ein, vor allem im Gehirn, und wirken Durchblutungsstörungen und vorzeitiger Verkalkung entgegen. Abgelagerte schädliche Umweltgifte werden neutralisiert. Wie ungewöhnlich dieser Baum ist, der im alten China und in Japan kultisch verehrt wurde, zeigt ein fast unglaubliches Ereignis. Als am 6. August 1945 die erste Atombombe in Hiroshima explodierte, zerstörte sie alle Lebewesen, alles natürliche Leben - bis auf den Ginkgo-Baum. Er begann im Frühjahr darauf wieder zu sprießen. Ginkgo-Präparate gibt es von verschiedenen Firmen. Man kann sie in Apotheken kaufen, so Ginkgo biloba als Tabletten und flüssig, dann vor allem Tebonin forte, ebenfalls in Tablettenform und flüssig.

Geriatrika

Von Jahr zu Jahr häufen sich die Medikamente, deren Hersteller versprechen, dass sie verjüngen, das Alter aufhalten und das Leben verlängern. **Geriatrika** heißen diese Medikamente, die der Verbesserung der Alterserscheinungen dienen sollen. Nicht nur die Anzahl der Geriatrika nimmt zu, auch ihr Absatz. Millionen Packungen werden verkauft, 20% bis 30% aller alten Menschen kaufen und schlucken sie. Laut einer Studie vertrauen dabei vier von fünf Käufern auf die vom Hersteller der Arzneien angegebene Wirkung.

Während früher die medizinische Wissenschaft die Geriatrika als unsolide und als Täuschung ablehnte, steht sie ihnen heute nach vielen Forschungen positiver gegenüber - freilich nicht allen. Die Mehrzahl der Geriatrika enthält Vitamine und Mineralstoffe. Man hat festgestellt, dass sie bei Altenheimbewohnern eine besonders gute Wirkung erzielen, da es hier oft an Frischkost, Obst und Gemüse bei der Ernährung fehlt.

Zu der Gruppe der meistverwendeten Geriatrika zählen die Keimdrüsenhormone - **Östrogen** bei der Frau und **Testoviron** beim Mann. Sicher macht ihre Einnahme frischer, man wirkt aktiver - man muss aber auch bei zu langem Gebrauch auf die vielfältigen Nebenwirkungen achten und sie mit seinem Arzt besprechen. Während Ampullen und die Injektion von Keimdrüsenhormonen durch Anordnung des Bundesgesundheitsministeriums stark eingeschränkt wurden, gibt es beispielsweise in Bayern noch zwei gut eingeführte Kliniken, die mit Injektionen von Körpermaterial frisch geschlachteter Schafe arbeiten. Unter den Menschen, die durch eine solche Kur Anzeichen einer Verjüngung an sich beobachten, sind viele bekannte Persönlichkeiten.

Häufig angewendet, aber in ihrer Wirkung nicht weniger umstritten ist die Behandlung mit **Procain** - die **Aslan-Kuren**. Procain wurde von der rumänischen Ärztin Dr. Aslan und ihren Mitarbeitern entdeckt. Frau Dr. Aslan behandelte damit Rheumakranke und stellte fest, dass die Patienten frischer und leistungsfähiger wurden und sich verjüngten. So wurde versucht, das Procain zur Beseitigung von Altersbeschwerden und zur »Verjüngung« einzusetzen. Übrigens findet ein Mittel, das im Wesentlichen auf Procain aufbaut, das **KH3**, großen Absatz und wird immer wieder von alten Menschen gekauft. Noch ist eine sichere Verjüngungswirkung innerhalb der Wissenschaft umstritten, aber die Aslan-Pharmafirmen weisen immer wieder auf die Prominenten aus aller Welt hin, die zu Professor

Dr. Aslan kamen und dort eine Verjüngung erfuhren: Charlie Chaplin, Pablo Picasso, Charles de Gaulle, John Kennedy, Marlene Dietrich, Mao Tsetung, Konrad Adenauer und viele andere mehr.

Wasserkuren

Auch **im Wasser ist Heil**. Viele Menschen, die die Pfarrer-Kneipp-Wasseranwendungen erhielten, fühlen sich jünger, aktiver und frischer. Besondere Verjüngung schreibt man den radioaktiven Quellen zu, wie wir sie beispielsweise in **Bad Gastein** und in **Bad Hofgastein** besitzen. Schon vor einigen hundert Jahren nahmen viele Tausende die beschwerliche Reise mit der Postkutsche auf sich, um dort zu baden. Besondere Heilkräfte und Verjüngungstendenzen schreibt man den vielen Nordseeinseln zu, vor allem **Sylt**.

5. Altengerecht wohnen – altengerecht umbauen

Wenn das Berufsleben zu Ende ist und die Kinder aus dem Haus sind, beginnt ein neuer Lebensabschnitt und da stellt sich jedem die Frage: Bleibe ich in der Wohnung, die durch die inzwischen unbewohnten Kinderzimmer viel zu groß geworden ist? Wenn ich älter werde, kann ich dann gut darin wohnen und ist auch der Zugang für mich barrierefrei? Kann ich sie so belassen und gebrauchen, wenn ich älter werde und vielleicht gehbehindert oder gar pflegebedürftig bin?

Die altengerechte Wohnung

Man sollte frühzeitig beginnen, seine Wohnung altengerecht umzubauen. Wiens bekannteste Fachärztin für Geriatrie, Frau Franziska Stegel, meint, man solle schon mit 50 Jahren eine ideale Alterswohnung suchen. Mit 50 Jahren steht man beruflich am Zenit und kann finanzielle Mehrausgaben am ehesten verkraften. Zugleich fühlt man sich noch elastisch genug für Umstellungen.

Vielleicht sind 50 Jahre heute dafür zu früh – aber **ab 60 sollte man schon über eine altengerechte Wohnung nachdenken und handeln!**

Der Erhalt der eigenen Wohnung und des gewohnten Wohnumfeldes ist von großer Bedeutung, um die Selbstständigkeit der älteren Menschen und ihre Möglichkeit zur Selbstbestimmung möglichst lange zu erhalten. Wichtig ist, dass die Wohnung so ausgestattet ist, dass man sich auch zurechtfindet, wenn man sich schlechter bewegen und bücken kann, schlechter sieht, unbeholfener ist. **Oft kann man Mängel in der Wohnung schon mit kleinen Umänderungsmaßnahmen auf die Wohnbedürfnisse älterer Menschen umfunktionieren.**

Aber leider sind noch rund 3 Millionen Haushalte, in denen ältere Menschen leben, nicht vollständig mit Bad, WC und Sammelheizung ausgestattet. Eine Million dieser Wohnungen weisen Ausstattungsmängel im Sanitärbereich auf. Eine Befragung in München hat ergeben, dass dort 14% der befragten älteren Menschen in ihrer Wohnung kein eigenes Bad und 20% keine Toilette haben.

Seniorenvertretung des 19. Stadtbezirks
Thalkirchen – Obersendling – Forstenried – Fürstenried - Solln
Sprecher: Seniorenbeirat Dr. Dr. Erich Grassl

Dr. Dr. Erich Grassl

München, 07.10.2003

Antrag zur 4. Delegiertenversammlung am 20. Oktober 2003

Altengerecht umbauen

Die Zunahme der alten Menschen, vor allem der Hochbetagten und Alzheimer-Kranken führt zu einer Zunahme der Pflegebedürftigen.
Der Altersgruppe ab 75 Jahren gehören in München derzeit 100.822 Bürgerinnen und Bürger an = 7,2 % der Gesamtbevölkerung und ist im Zunehmen.
Die Alten- und Pflegeheime verlieren zunehmend den Charakter von Wohnheimen für alte Menschen und werden überwiegend nur schweren Pflegefällen zur Verfügung stehen.
Mehr alte, hochbetagte und pflegebedürftige Menschen werden daher in der eigenen Wohnung bleiben müssen und auch gern bleiben. Um hier menschenwürdig und pflegeleicht leben zu können, soll schon frühzeitig die Wohnung altengerecht werden durch Umbau im Bad, der Toilette, der Küche, den Betten, evtl. barrierefreie Durchgänge für Rollstühle usw.
Für ärztlich verordnete Umbauten stehen Zuwendungen zur Verfügung.
ASZ, Altenclubs, die Seniorenvertretungen der Stadtbezirke und die Presse werden gebeten, eindringlich darauf hinzuweisen und zu altengerechten Umbauen anzuregen.

Einstimmig angenommen

Die Ausstattung der Wohnung

In der sinnvoll ausgebauten Alterswohnung sollen zweckgerichteter Komfort und Behaglichkeit einander die Waage halten. Um nur einige der wichtigsten Punkte aufzuzählen:

Die Lage der Alterswohnung soll den Kontakt mit der Außenwelt erleichtern. Ideal ist die **Parterrewohnung** oder Wohnung im **1. Stock** oder eine **Wohnung in einem Haus mit Lift**, damit man leicht und ungehindert auf die Straße und zum Spaziergang gelangen kann. Wie oft erlebt man in der Großstadt bei einem Krankenbesuch alte, herzkranke oder behinderte Patienten im vierten oder fünften Stockwerk, das sie nie mehr verlassen können, da sie das Treppensteigen nicht mehr schaffen. Ideal ist eine Altenwohnung in ruhiger Gegend in der Nähe eines Parkes oder einer Grünfläche.

Die eigene Küche gehört unbedingt zur Behaglichkeit. Wegen der Vergesslichkeit alter Menschen sollen ihre Geräte, vor allem **elektrische Geräte, zeitlich einstellbar** sein und sich nach der gewünschten Zeit automatisch ausschalten.

Eine große Erleichterung ist für den alten Menschen, der viel schreiben muss, eine **elektrische Schreibmaschine**. Sie hat den Vorteil, dass sie auch bei verschieden festem Anschlag immer das gleiche Schriftbild ergibt. Auch nervöse alte Menschen, Menschen mit zittriger Handschrift, zum Beispiel Parkinson-Patienten, deren Handschrift unleserlich ist, können sich mit der elektrischen Schreibmaschine schriftlich artikulieren und ihre Briefe und Aufzeichnungen schreiben.

Alte Menschen sind nicht nur auf der Straße, sondern auch im Haushalt die Hauptunfallopfer. Zur **Vermeidung von Unfällen** sollte Folgendes in der Wohnung weitgehend vermieden werden: Fleckerlteppiche und rutschende Teppiche vor den Betten. Alle Teppiche brauchen eine **rutschfeste Unterlage**, ebenso die Teppiche im Bad. In der Badewanne und in der Dusche aber auch in der Nähe der Toilette müssen Haltegriffe angebracht werden. Bei Schwerbehinderten braucht man in der Toilette eigene Vorrichtungen zum Setzen und Hochziehen.

Nicht selten stolpern alte Menschen, wenn sie nachts im Dunkeln aufstehen oder wenn ihnen schwindlig wird. Sie können stürzen und sich etwas brechen. Eine **ausreichende Beleuchtung** mit Lichtschaltern in Leuchtfarben, die man auch nachts sehen kann, ist wichtig. Es soll auch nachts wenigstens im Wohnungsgang oder auf dem Weg zur Toilette ein Licht brennen. Dafür eignen sich leicht abgedunkelte Lampen.

Ist im Hause ein **Aufzug** vorhanden, so soll man darin einen Sitzplatz einrichten lassen. Der Hausbesitzer wird sicher dazu bereit sein. Auch in der Wohnung ist der **Ruhesessel** das wichtigste Möbel – es wird am meisten gebraucht. Der Sessel muss so gebaut sein, dass man sich leicht und bequem hinsetzen und aufstehen kann. Oft genügt es, ein hartes Kissen als Unterlage zum Sitzen einzulegen.

In Griffnähe des Ruhesessels sollte ein **bewegliches Tischchen** stehen, das als Ablage dienen kann, eventuell auch für **das Telefon**, das gerade für ältere Mitbürger sehr wichtig ist. Fragen Sie bei Ihrem Postamt – es gibt für Schwerpflegebedürftige Verbilligungen bei Einrichtung und Gebühr. Leider sind die modernen und neuesten Handys großenteils für ältere und behinderte oder sehschwache Menschen nicht geeignet. Auf den kinderhandgroßen Flächen liegen die Tasten so eng beieinander, dass sie von einer alten Hand kaum bedient werden können. Der Seniorenbeirat der Landeshauptstadt München hat sich an die Herstellerfirmen gewandt, auf diese Marktlücke hingewiesen und um ein entsprechendes Angebot gebeten.

Achten Sie darauf, **nicht zu viele Möbel** herumstehen zu haben. Sie rauben nur die Bewegungsfreiheit und man stolpert oft und stößt sich an. Durchgangswege zwischen Küche und Balkon, Bad und Schlafzimmer sollten stets frei und unverstellt bleiben.

Um Wohnungen altengerecht umzubauen, sind häufig nicht einmal aufwändige Modernisierungsmaßnahmen erforderlich. **Oft reichen kleine Verbesserungs- und Anpassungsarbeiten aus.**

Für die Wohnungsumänderung und einen alten- oder krankengerechten Umbau gibt es **Hilfeleistun-**

gen der Krankenkassen und der Pflegeversicherung. Auf dem beigefügten Formblatt sind sie aufgeführt und sollen zum Umbauen anregen.

Denken Sie daran:
Welche **Umbaumaßnahmen** sollen es bei mir sein?

- Einbau einer barrierefreien Dusche
- Türverbreiterung
- Türschwellenausgleich
- Fahrbarer Sitz am Treppengeländer zum 1. Stock

Welche **Hilfsmittel** benötigen Sie?

- Haltegriffe in Bad und WC
- Badewannenlift
- Toilettensitzerhöhung
- Gehhilfen
- Elektrischer Türöffner
- Gegensprechanlage
- Nachtbeleuchtung auf dem Weg vom Schlafzimmer zur Toilette

Finanzierungsmöglichkeiten für Wohnungsanpassung

Krankenkasse: Die Anschaffung verschriebener Hilfsmittel (nach ärztlicher Verordnung), z.B. Haltegriffe, WC-Erhöhung, Badelifter, Pflegebett, Rollstuhl etc., wird von den Krankenkassen übernommen.

Pflegekasse: Bei Anerkennung einer Pflegestufe kann für Pflegehilfsmittel (§ 40 Abs. 1) und technische Hilfsmittel (§ 40 Abs. 3 SGB XI) Antrag bei der Pflegekasse gestellt werden, der Eigenanteil beträgt 10% bzw. bei zum Verbrauch bestimmten Hilfsmitteln max. 31 Euro mtl., z.B. Pflegebetten, Betteinlagen, Notruf etc.

Außerdem ist ein Antrag zur Verbesserung des individuellen Wohnumfeldes (§ 40 Abs. 4 SGB XI) möglich, Eigenanteil 10%, Maximalzuschuss pro Maßnahme 2557 Euro, z.B. Handläufe, Rampen, Türverbreiterungen, behindertengerechte Umbauten.

Sozialhilfe: Im Rahmen der Altenhilfe (§ 75 BSHG Abs. 1) kann für Pflegehilfsmittel, Handläufe, Rampen, Türverbreiterungen, behindertengerechte Umbauten unter Berücksichtigung festgelegter Einkommens- und Vermögensgrenzen eine Kostenübernahme durch die Sozialhilfe beantragt werden.

Berufsgenossenschaft/Unfallversicherung: Eine Beteiligung an den Kosten für alle notwendigen Hilfsmittel, Maßnahmen und Umbauten kann bei Folgen von Arbeits- und Wegeunfällen sowie Berufskrankheiten beantragt werden.

Versorgungsamt/Kriegsopferfürsorge: Für Kriegsopfer werden Hilfsmittel und Wohnungsanpassungsmaßnahmen, die als Folge einer Kriegsschädigung notwendig werden, von der Kriegsopferfürsorge übernommen.

Beispiel: In dem Wohnumfeld eines auf einen Rollstuhl angewiesenen Pflegebedürftigen, der von seiner Ehefrau gepflegt wird, ist der Einbau von festinstallierten Rampen, die Verbreiterung der Türen und die Anpassung der Höhe von Einrichtungsgegenständen erforderlich. Diese Wohnumfeldverbesserungen sind als eine Maßnahme i. S. des § 40 Abs. 4 SGB XI zu werten und mit maximal 2557 Euro zu bezuschussen.

Aufgrund der wegen zunehmenden Alters eingeschränkten Hilfestellungen der Ehefrau und weiterer Einschränkungen der Mobilität des Pflegebedürftigen ist zu einem späteren Zeitpunkt die Benutzung der vorhandenen Badewanne nicht mehr möglich. Durch den Einbau einer bodengleichen Dusche kann die Pflege weiterhin im häuslichen Bereich sichergestellt werden. Hier sind durch die veränderte Pflegesituation weitere wohnumfeldverbessernde Maßnahmen erforderlich geworden, die erneut mit maximal 2557 Euro bezuschusst werden können.

Zuschusshöhe

Bei der Bemessung des Zuschusses, dessen Höhe auf 2557 Euro je Maßnahme begrenzt ist, sind die Gegebenheiten im Einzelfall zu berücksichtigen. Die Höhe des Zuschusses richtet sich dabei nach den Kosten der Maßnahmen und der Einkommenssituation des Pflegebedürftigen. Aus Steuerungsgründen ist ein angemessener Eigenanteil des Versicherten vorgesehen.

Eigenanteil des Pflegebedürftigen

Zu den Maßnahmen zur Verbesserung des individuellen Wohnumfeldes hat der Versicherte einen angemessenen Eigenanteil zu entrichten. Die Höhe des Eigenanteils ist abhängig von den beiden Faktoren

- Kosten der Maßnahme und
- Einkommen des Pflegebedürftigen.

Einsam in der Wohnung – das muss nicht sein!

Die Kinder sind aus dem Haus - der Mann oder die Frau sind verstorben. So sitzt man allein, oft »mutterseelenallein« in seiner Wohnung. Die Decke fällt einem auf den Kopf, man kann die Arbeiten in der Wohnung nicht mehr verrichten. Das ist besonders schwierig, wenn man allein in einem Einfamilienhaus wohnt. Wer mäht den Rasen, wer füllt die Waschmaschine und hängt die Wäsche auf, wer hält die Wohnung sauber?

Vielleicht kommt einmal der Nachbar, ab und zu die Kinder - aber meist nur selten, vor allem wenn sie weit weg wohnen. Man freut sich schon über den kurzen Wortwechsel mit der Person, die das »Essen auf Rädern« bringt.

Sollte man sich da nicht einen **Untermieter** ins Haus nehmen, eine noch jüngere allein stehende Frau oder einen Studenten, was besonders in Hochschulstädten leicht möglich ist? Hier suchen oft hunderte und tausende eine Bleibe während des Studiums.

Freilich werden Sie sagen, dass die Studenten heute auch anspruchsvoller sind, sie wollen ein eigenes Appartement, wollen mit einem Partner, einer Partnerin zusammenleben. Aber es gibt auch viele Ausnahmen, die froh sind, wenn sie einen Unterschlupf haben, wo sie in Ruhe studieren können. Sie bringen dann Leben in die Wohnung, man ist nicht allein und hat auch immer eine Hilfe. Oft vermitteln auch Kirchengemeinden und Verbände Untermieter, vielleicht helfen Ihnen dabei auch Bekannte oder Verwandte.

Versuchen Sie es doch einmal, machen Sie auch einen Mietvertrag. Sie haben bei einer möblierten Wohnung immer ein monatliches Kündigungsrecht.

Haben Sie Mut! Es bringt meist viel Freude in den tristen Alltag!

Hausunfälle vermeiden

Die Sturzprophylaxe ist ein wichtiges gesundheitspolitisches Thema. Der altengerechte Umbau der eigenen Wohung verhindert viele Unfälle. Die Zahl dieser Unfälle könnte noch verringert werden, wenn mehr alte Menschen vorbeugen würden.

Mehr als 4 Millionen Senioren stürzen hierzulande einmal pro Jahr. Jährlich erleiden mehr als 100 000 ältere Menschen einen Bruch des Oberschenkels als Folge eines Sturzes. Frauen sind hiervon etwa fünfmal häufiger betroffen als Männer. Jeder kann sich einen Oberschenkelbruch zuziehen, wenn er keine Vorsorge betreibt.

Mehr als ein Drittel aller Menschen im Alter über 65 Jahren stürzt mindestens einmal im Jahr - in Heimen sind es mehr als 50% der Bewohner. Von den gestürzten Senioren sind die Hälfte ohne Präventionsmaßnahmen binnen eines weiteren Jahres erneut gestürzt. Jeder zehnte Sturz führt dabei zu einer schweren Verletzung wie beispielsweise Hüftfraktur. Stürze führen auch unabhängig von bestehenden Begleiterkrankungen zu Immobilität und Einschränkungen in der Alltagsbewältigung.

Fast die Hälfte der Gestürzten berichtet über ihre Angst, erneut zu stürzen, was wiederum häufig zu einer reduzierten körperlichen Aktivität führt. **Sturzbedingte Hüftfrakturen führen zu mehr als 20 000 Heimeinweisungen im Jahr in Deutschland.**

Aber Vorsorge ist möglich!

Sie können Stürzen vorbeugen durch:

- Altengerechtes Anpassen der Wohnung
- Jährliche Kontrolle beim Augenarzt
- Regelmäßige körperliche Bewegung und Training
- Tragen gut passender Schuhe
- Gesunde Ernährung
- Tragen von Hüftschutzhosen.

Oft wird übersehen, dass Stürze auch gravierende soziale und seelische Folgen haben. Im Vordergrund steht die Angst vor einem weiteren Sturz, die dazu führt, dass man sich in die eigenen vier Wände zurückzieht, wo man sich sicher und geborgen fühlt. Das ist schade, denn dieser Rückzug führt häufig dazu, dass ältere Menschen unter Einsamkeit leiden und sich mehr und mehr isoliert fühlen.

Stürze kündigen sich häufig an, zum Beispiel dadurch, dass die körperlichen Kräfte allmählich nachlassen und viele Arbeiten und Handgriffe nicht mehr mit der gewohnten Sicherheit und Routine vonstatten gehen.

Testen Sie sich doch einmal selbst!

Sturzprävention: Testen Sie Ihre Fitness!

(nach »Sicher leben auch im Alter – Sturzunfälle sind vermeidbar«, herausgegeben von der »Aktion Das sichere Haus«)

Um nachlassende Stehfähigkeit und Muskelkraft zu erkennen, eignen sich verschiedene Verfahren. Zwei Übungen möchten wir Ihnen vorstellen:

a) Gehgeschwindigkeit
Markieren Sie eine ebene Strecke von genau zehn Metern. Gehen Sie die Strecke nun zweimal in »normalem« Tempo ab, starten Sie dabei einige Schritte vor dem ersten und stoppen Sie einige Schritte nach dem zweiten Strich. Die Zeit läuft von dem Augenblick, an dem Sie den »Startstrich« überschreiten, bis zum Überqueren des zweiten Striches.

Notieren Sie Ihre Zeit: _____ Sekunden

b) Aufstehen vom Stuhl
Versuchen Sie, fünfmal hintereinander so schnell wie möglich von einem Stuhl mit normaler Sitzhöhe (etwa 46 cm) aufzustehen und sich wieder hinzusetzen. Dabei sind die Arme vor dem Körper verschränkt. Die Beine sind im Stand gestreckt, beim Hinsetzen berührt der Rücken kurz die Rückenlehne. Führen Sie diesen Test zweimal mit ausreichend Pause dazwischen

durch. Notieren Sie die schnellere der beiden Zeiten. Wenn Sie nicht mit verschränkten Armen, also ohne Hilfe der Stuhllehne, aufstehen können, sollten Sie diesen Test nicht durchführen.

Notieren Sie Ihre Zeit: _____ Sekunden

Sind Sie ausreichend fit?
Es ist höchste Zeit, etwas für die Fitness zu tun,

- wenn Sie bei »ruhigem, normalem« Tempo mehr als 10 Sekunden brauchen, um 10 Meter zu gehen, oder
- wenn Sie länger als 15 Sekunden brauchen, um fünfmal ohne Hilfe der Armlehne aufzustehen, oder wenn Sie ohne Hilfe der Armlehne gar nicht aufstehen können.

Übrigens: Da die Kraft jedes Menschen im Alter deutlich nachlässt, ist es immer gut, vorbeugend mit dem Training zu beginnen - auch wenn Sie die Tests ohne Mühe »bestanden« haben.

Wiederholen Sie die Tests nach drei bis vier Monaten und Sie werden über Ihre Fortschritte staunen, wenn Sie ein bisschen trainiert haben! Falls Sie feststellen, dass Sie eine der Übungen nicht sicher ausführen können, sollten Sie dies mit Ihrem Hausarzt besprechen.

In England wurde das Thema Sturzprävention in die Liste der sechs wichtigsten gesundheitspolitischen

Themen aufgenommen. Niedergelassene Ärzte sind verpflichtet, sich dieses Themas anzunehmen. Auch die amerikanische »Preventive Services Task Force« empfiehlt, die Menschen im Alter von über 75 Jahren über Maßnahmen zur Sturzprävention zu beraten.

6. Alt, hochbetagt und allein – die Einsamkeit abbauen

Die neuen staatlichen Zahlen von 2003 deuten auf eine stets wachsende Entwicklung hin, sie zeigen eine Zunahme der Alleinstehenden unter den alten und vor allem unter den hochbetagten Menschen. Dabei ist eine vielfache Überzahl der allein stehenden Frauen vor den allein stehenden Männern auffallend.

Heute ist das Zahlenverhältnis von Frauen und Männern in der Bundesrepublik ziemlich ausgeglichen. Von den 82 259 000 Einwohnern sind 40 156 000 Männer und 42 103 000 Frauen. Auch bei den 60- bis 75-Jährigen ist die Zahl der Frauen nur geringfügig erhöht. Eine Ausnahme machen die 70- bis 75-Jährigen in den neuen Ländern und in Ostberlin, wo von den 683 000 70- bis 75-Jährigen - wohl bedingt durch die Abwanderung in den Westen - 246 400 Männer sind und 416 700 Frauen.

Erst bei der Kriegsgeneration ab dem 75. Lebensjahr beginnt - bedingt durch die Verluste der Männer in Krieg und Kriegsgefangenschaft - die große Überzahl der Frauen, die ins Drei- bis Vierfache geht:

Alter	männlich	weiblich
75–80	955 560	1 891 860
80–85	432 360	874 900
85–90	269 800	817 100
90–95	87 300	323 600
95 und älter	29 000	85 000

Zahlen nach dem Statistischen Jahrbuch 2002 des Statistischen Bundesamtes

Altengerecht umbauen! Das geht die Wohnung an, das unmittelbare Umfeld. Man muss aber auch die Lebensverhältnisse der allein stehenden alten Menschen »umzubauen« versuchen.

Einsamkeit im Alter

Immer wieder tauchen Meldungen auf, dass alte Menschen einsam in ihrer Wohnung sterben und ihr Tod wochenlang unbemerkt bleibt. Einsam leben viele Menschen im Alter, vor allem im hohen Alter. Sicher ist es auf dem Lande, in kleinen Gemeinden und Kleinstädten besser - die Großstädte mit ihren Wohnblocks und ihren Häuserzeilen sind für diese Vereinsamung meist mit verantwortlich. Wir müssen den alten Menschen helfen, ihre Einsamkeit zu überwinden.

Die allein stehende Frau im Alter ist eines unserer schwierigsten Probleme in der Altersvorsorge. Nach Erhebung des Gesundheitsreferates der Landeshauptstadt München »Gesundheit im Alter« vom Februar 1995 waren 18% der alten Frauen und 24% der alten Männer nach einem Krankenhausaufenthalt völlig allein und auf fremde Hilfe angewiesen. Wieder zu Hause, stehen sie allein da, ohne Hilfe: Wer soll einkaufen, die Rezepte holen, mit ihnen reden? Eine andere Statistik in »Gesundheit im Alter« bestätigt, dass in München mehr als die Hälfte (59%) der hilfsbedürftigen Frauen und etwa ein Drittel (35%) der pflegebedürftigen Frauen allein leben.

In den Spätjahrgängen überwiegt heute geschlechtsbedingt und teils noch als Kriegsfolge die Zahl der Frauen.

Alleinsein macht krank

Das Alleinsein führt nach wissenschaftlichen Forschungen gehäuft zu Depressionen, aber auch zu Demenz. Forschungen der Universität Göttingen haben ergeben, dass immer mehr alte Menschen an psychischen Krankheiten leiden, die in einem sehr engen Zusammenhang mit ihrem Alleinsein stehen. 27% der über 65-Jährigen leiden an Depressionen, im Vergleich zu 14,4% der Gesamtbevölkerung. Von den Kranken, Alten und solchen, die von ihrem sozialen Umfeld allein gelassen werden, leiden 64% unter Depressionen. Diese Menschen haben pro Monat weniger als 20 Kontakte mit anderen Menschen. Auch bei der Zunahme der Alzheimer-Krankheit bei über 85-Jährigen mit 25% und bei den über 90-Jährigen mit 40% wird geringe menschliche Ansprache und fehlende geistige Anregung eine Rolle spielen.

Hilfsangebote

Es gibt Hilfen - wenn auch noch zu wenig. Seniorenklubs, die Kirchen mit ihren Besuchsdiensten und Seniorennachmittagen und Wohlfahrtsverbände bringen die alten Menschen einander näher und schaffen ein Miteinander. Auch viele Nachbarschaftshilfen in Stadt und Land nehmen sich dankenswerterweise der Alleinstehenden an. Aber das muss auch gesagt sein - nur ein Teil der alten Menschen, vor allem die Männer, machen davon Gebrauch; denn manche lehnen es ab, »bemuttert« zu werden. Viele alte Menschen ziehen sich zurück und wollen keine menschliche Annäherung. Man muss sie oft mühsam überzeugen, dass die Hilfe ja gerne geschieht.

Nachbarschaftshilfen, Straßenfeste und Wohngemeinschaften

Welche Hilfsmaßnahmen, welche Möglichkeiten zur Beseitigung der schlimmen Probleme könnte es geben? Was müsste man dringend aufzubauen versuchen? Eine Lösung wird es nur geben, wenn wir viel mehr - als bisher schon in dankenswerter Weise vielerorts geschehen - **Nachbarschaftshilfen** aufbauen. »Bürger helfen Bürgern«, »Senioren helfen Senioren« - die Presse und die Medien müssen hier um Mithilfe gebeten werden!

Wie soll man an die Besitzer und Bewohner der großen Wohnblocks herankommen? Bewohner und Hausbesitzer könnten mit **Hoffesten und Straßenfesten** Gemeinsamkeiten und Berührungspunkte schaffen! In vielen Kleinstädten, aber auch in Großstädten wird das schon praktiziert. Sie sollten uns als Vorbild dienen. Ich habe es in einem Haus mit 14 Parteien in München erleben dürfen, wo der Hausbesitzer zum Advent oder Frühlingsanfang die Hausbewohner im Hausgang oder Hof versammelte und dann gemeinsam gesungen und musiziert wurde. Da bahnte sich doch manche Freundschaft an! Vielleicht können Wettbewerbe und Preisverleihungen für mittlere, kleine und große Wohngemeinschaften einen Ansporn geben!

Durch solche gemeinsamen **Straßenfeste** können sich hilfreiche Kontakte ergeben, auch ein Austausch von Telefonnummern. Manches Mal hat der **Aufbau von Telefonketten** mit häufigeren Gesprächen untereinander geholfen, die Einsamkeit zu beseitigen. Für finanziell weniger gut gestellte Bürger gibt es dankenswerterweise - über das Sozialamt zu beantragen - Ermäßigung der Telefon-Grundgebühren.

Auch der **soziale Wohnungsbau** müsste noch stärker den **generationsübergreifenden Wohnblock** fördern, wo Alt und Jung zusammen wohnen und sich gegenseitig helfen und aushelfen können. Mancherorts gibt es auch schon **»Betreutes Wohnen« für Jung und Alt** gemischt.

Die Zunahme der alten Menschen, insbesondere der Hochbetagten und der Singles unter ihnen, und außerdem der Rückgang der jungen Menschen und Erwerbstätigen erfordern dringend den Aufbau solcher Maßnahmen.

Im Jahre 2040 rechnet man mit 5,4 Millionen Bürgern über 80 Jahre, wovon ein Drittel pflegebedürftig sein wird. Man wird mehr Pflegekräfte brauchen, die uns heute schon fehlen. Ohne Verbesserung der Lebensqualität, der Bezahlung und des Ansehens der Altenpfleger wird das nicht gehen! Die Zeitbombe tickt auch hier! Wir müssen auf diesem Gebiet aktiver werden. Großenteils sind unsere Mitbürger zur Mithilfe bereit! Das zeigt der Einsatz der Bevölkerung bei größeren Katastrophen und die vielen Einzelinitiativen überall im Lande. Aber sie reichen nicht aus. Man muss die Bürger noch mehr zur Mitarbeit auffordern, ihnen Aufgaben stellen und ihnen die Bedeutung und Freude dieser Arbeit nahebringen.

Mit Recht sagte Bundespräsident Roman Herzog in seiner Weihnachtsansprache 1996: »Wir brauchen eine Offensive der gelebten Nachbarschaft, der Freundlichkeit, der täglichen Hilfe. Jeder sollte bereit sein, hier etwas mehr zu tun, als wozu ihn das Gesetz verpflichtet.«

Unterstützung bei akuter Erkrankung und Rückkehr aus dem Krankenhaus

Die Zunahme der Anzahl allein stehender alter Menschen, vor allem der alten und hochbetagten Frauen, ist schon jetzt ein großes Problem, das sich in der Zukunft noch verschärfen wird.

Was machen Sie, wenn Sie allein zu Hause sind, krank sind oder gehbehindert, nach Erkrankungen oder Brüchen durch Stürze nach Hause kommen und alleine dastehen?

Der Verband der Unfallchirurgen hat bei seiner Jahrestagung 2003 darauf hingewiesen, dass durch die neue Fallpauschalen-Anwendung in den Krankenhäusern ab 1. 1. 2003 der Aufenthalt im Schnitt $^{1}/_{5}$ kürzer sein wird und dass damit viele alte und multimorbide Patienten involvent (noch nicht ganz genesen) das Krankenhaus verlassen müssen.

Sie sind dann ganz auf sich gestellt! Was macht die allein stehende Frau, die sich nach einem Handbruch oder Fußbruch, nach ambulanter oder kurzer Krankenhausbehandlung nicht mehr selbst helfen kann? Im Winter muss noch dazu mit Schneefall und glatten Straßen gerechnet werden, die das Einkaufen unmöglich machen. Sie kann sich kaum mehr waschen, auch die Strümpfe und Schuhe anzuziehen gelingt ihr einhändig nicht mehr richtig. Sie braucht dringend Hilfe, aber woher soll diese kommen?

Wohl gibt es in vielen Orten Nachbarschaftshilfen oder Hilfen von Kirchengemeinden, die kommen und beistehen. Aber kennt man die entsprechenden Adressen? Ist gerade ein Helfer frei? Die Sozialstationen und ambulanten Pflegestationen haben meist nur ihre eingeschriebenen, laufend zu versorgenden Patienten und können nicht so ohne weiteres kommen, um zu helfen.

Der alte, einsame Mensch braucht bei einer akuten Erkrankung oder nach einer Erkrankung und seiner Entlassung aus dem Krankenhaus Ernährung, eine hauswirtschaftliche Versorgung und eine akute kurze Pflege. Er braucht dazu Geschäfte und Firmen, die ihm auf Anruf Lebensmittel ins Haus bringen oder Wäsche usw. abholen (**Bring- und Holdienste**). Er müsste sofort jemanden erreichbar haben, der ihm im Haushalt bei den dringend notwendigen Dingen hilft (**akute hauswirtschaftliche Versorgung**), er braucht jemanden, der ihm sofort hilft, z.B. bei einer fieberhaften Grippe einen Wickel macht, einen Verband erneuert (**akute pflegerische Notfallversorgung**). Hier braucht man für schwierige Fälle ausgebildete Krankenpfleger, für einfache pflegerische Betreuung genügen auch ehrenamtliche Helfer, die womöglich eine Kurzausbildung in Altenpflegekursen oder Erste-Hilfe-Kursen nachweisen können. Sie werden meist aus Nachbarschaftshilfen, Kirchengemeinden oder Wohlfahrtsverbänden stammen.

Es ist dringend notwendig, in allen Landbezirken, Städten und Stadtbezirken der Großstädte diese akuten Hilfsformen aufzubauen. In einigen Stadtbezirken, z. B. in München im 19. Stadtbezirk, hat man dazu schon die Grundlagen gelegt.

Dazu ein Leserbrief aus der Süddeutschen Zeitung vom 20./21. September 2003:

Lücke in der Versorgung. Unfallchirurgen fordern mehr geriatrische Betreuung

Wir müssen den Unfallchirurgen danken, dass sie frühzeitig auf die Lücke in der Versorgung älterer Menschen im häuslichen Milieu nach Unfällen hingewiesen haben - die Aufenthaltsdauer wird sich durch die neue Fallpauschalen-Regelung verkürzen und viele, gerade ältere Menschen werden involvent nach Hause geschickt werden müssen.
In der Bundesrepublik erleiden jährlich 100 000 Ältere allein einen Bruch des Oberschenkels als Folge eines Sturzes - Frauen fünfmal häufiger als Männer. Wer versorgt dann die Männer, was machen in München die

über 110 000 Singles über 60 Jahre und die 35 000 Alleinstehenden über 80 Jahre?
Wir müssen darangehen, in allen Stadtbezirken - im 19. Stadtbezirk haben wir es bereits - eine Liste von zu Bring- und Holdiensten bereiten Firmen ausfindig zu machen und zu veröffentlichen, ebenso eine Liste von Diensten zur akuten hauswirtschaftlichen Versorgung und zur akuten krankenpflegerischen Hilfe durch Krankenpfleger/innen, aber auch von ehrenamtlichen Hilfskräften aus den Nachbarschaftshilfen, Kirchengemeinden und Sozialvereinen.
Ambulante Versorgung muss ausgebaut werden für die Hilfe in der eigenen Wohnung - ambulant wie stationär - die Hilfskräfte wie Ärzte, Krankengymnasten, Ergotherapeuten stehen in allen Stadtbezirken zur Verfügung.

Dr. Dr. Erich Grassl, Allgemeinarzt,
Seniorenbeirat der Landeshauptstadt München

Wichtig ist, dass jeder alte und allein stehende ältere Mensch eine Liste mit diesen Hilfsmöglichkeiten bekommt, sie gut verwahrt und im Notfall dann zur Verfügung hat.

Aufgrund der Zunahme der allein stehenden alten Menschen wird man in Zukunft ohne diese Hilfen nicht mehr auskommen - wenn man diese Menschen nicht hilflos ihrem Schicksal überlassen will. Hier kommen vor allem auf jene, die ehrenamtlich helfen, große Aufgaben zu! Aber ohne gegenseitige Hilfe - **Alte helfen Alten oder Älteren** - wird es in Zukunft keine menschenwürdige Versorgung geben können. Mut und Kraft zum Aufbau der Hilfen für die hilflosen, einsamen alten Menschen sind gefordert!

7. Zu Hause medizinisch gut versorgt

Die meisten alten oder hochbetagten Menschen leben mit ihrem Partner oder allein in ihrer – möglichst altengerecht gestalteten – Wohnung. Sie brauchen die Sicherheit, dass sie im Falle einer ernsten Erkrankung Hilfe erhalten.

Häusliche Pflege in Europa

In den Vereinigten Staaten und in Europa besteht die Tendenz, die häusliche Pflege auszuweiten. Hauptsächlich sprechen menschliche Gründe dafür, in einigen Ländern aber auch finanzielle.

Mit Recht fordern Experten aus ganz Europa eine Anpassung der Seniorenpolitik in der EU, »denn nur ein soziales Europa ist Basis für ein gesundes wirtschaftliches Europa«, so Peter H. B. Pennekamp, Niederlande. Derselbe führte auf einem Kongress im Sommer 1992 zum Thema »Altenpflege im ländlichen Raum im Europa der Zukunft« aus: »Wir müssen Strukturen entwickeln, um den Menschen so lange wie möglich in der häuslichen Umgebung zu lassen.« (Zitate entnommen der Zeitschrift »Häusliche Pflege«, Nr. 9, 1992)

Alle Experten aus den europäischen Ländern waren sich einig: **Die Zukunft heißt häusliche Pflege!** Wir brauchen gemeinsame, festgelegte Mindeststandards in der Altenpflege in Europa. Zu der Checkliste gehören die folgenden Punkte:

- Alle Länder Europas brauchen ein verstärktes Angebot im Bereich der häuslichen Kranken- und Altenpflege.
- Die Zahl der freiwilligen Helferinnen geht zurück. Die Mitgliedsstaaten sollten sich verpflichten, etwas für die älteren unter den weiblichen Pflegekräften zu tun.
- Festgelegte Pflegestandards müssen aufrechterhalten werden.
- Alle Länder müssen es den kranken oder alten Menschen ermöglichen, ein Privatleben zu führen, das selbstbestimmt ist.
- Die Hochbetagten werden in Zukunft die am stärksten zunehmende Gruppe sein und erfordern somit mehr Aufmerksamkeit.
- Die Länder müssen ein Gleichgewicht zwischen ambulanter und stationärer Betreuung finden.
- Die Rehabilitation von Senioren muss forciert werden.
- Die menschlichen und finanziellen Ressourcen müssen umverteilt werden.

Der Hausarzt

Von großer Bedeutung ist der Hausarzt. Suchen Sie sich einen Hausarzt Ihres Vertrauens, der Sie im Krankheitsfall auch besucht und versorgt. Bleiben Sie ihm treu. Er kennt Sie ja dann oft schon seit Jahren, kennt Ihre Krankheiten, Ihre Wohnsituation, Ihre Familienverhältnisse. Wichtig ist, dass er oder seine Vertreter ins Haus zu einem Hausbesuch kommen.

Der Hausarzt ist nicht nur der ärztliche Betreuer, er ist der ständige Helfer und Berater. Er weiß auch Bescheid über die Hilfsmöglichkeiten und die Versorgung durch eine Pflegeschwester bei einer schweren Erkrankung und er vermittelt - wenn erforderlich - einen Facharzt.

Haben Sie Vertrauen zu Ihrem Hausarzt, besprechen Sie mit ihm Ihre Probleme und Ihre Krankheitssymptome.

Medikamente und Medikamentenblatt

Die meisten alten Menschen müssen wegen verschiedener Erkrankungen auch Fachärzte aufsuchen: Internisten, Orthopäden, Frauenärzte, Hautärzte, HNO-Ärzte, Augenärzte usw. Fast jeder dieser Ärzte verschreibt ein Medikament, das dann prompt eingenommen wird. Manche, ja viele Medikamente vertragen sich nicht untereinander. Es gibt leichte bis schwere, ja todbringende Unverträglichkeiten zwischen manchen Medikamenten.

Vorsicht vor Schädigung durch Unverträglichkeiten von Medikamenten! Experten gehen davon aus, dass in der Bundesrepublik jährlich ca. 25 000 Menschen durch unerwünschte Arzneimittelnebenwirkungen sterben und ca. 500 000 davon schwer erkranken. Damit sterben mehr Menschen an Arzneimittelnebenwirkungen als im Straßenverkehr.

Dabei wird davon ausgegangen, dass 50% bis 80% der unerwünschten Arzneimittelnebenwirkungen vermieden werden könnten. Darum ist es besonders wichtig, dass der Hausarzt alle Medikamente kennt, die Sie einnehmen, weil Sie Ihnen von verschiedenen Fachärzten verschrieben wurden.

Lassen Sie sich von Ihrem Hausarzt unbedingt ein **Medikamentenblatt** anlegen, das Sie bei sich haben und auf dem genau eingetragen ist, welche Medikamente Sie zu welcher Tageszeit einnehmen müssen. Der Hausarzt kennt am besten die Nebenwirkungen und weiß, ob die Medikamente zusammenpassen oder nicht. Er verordnet dann vielleicht ein anderes Medikament, das besser harmoniert.

MEDIKAMENTENBLATT

(bitte zu jedem Arztbesuch mitbringen)

Frau/Herr   Datum

MEDIKAMENT	MORGENS	MITTAGS	ABENDS	ZUR NACHT

Hilfreich für den Patienten ist auch eine **Medikamentendose** (z. B. kleine Schachtel aus Plastik), in die er täglich seine Tabletten zum Einnehmen einsortiert (beim Pflegebedürftigen wird dies meist die Pflegekraft übernehmen). Erhältlich sind auch Schachteln für eine ganze Woche (oft beschriftet mit Tag und Uhrzeit).

Medikamente im Alter

Alters- und krankheitsbedingt sind alte Menschen die Hauptverbraucher von Medikamenten. So fällt die Hälfte aller Verordnungen auf die Gruppe der über 60-Jährigen, wobei bei den Hochbetagten der Verbrauch doppelt bis dreifach so hoch ist wie bei den 60- bist 69-Jährigen. Von den ca. 82 Millionen Bürgern Deutschlands sind 18 Millionen (22%) älter als 60 Jahre und mehr als 3 Millionen (2,74%) sogar über 80 Jahre.

Die Zahl der Hochbetagten wird weiter steigen und damit auch der Medikamentenverbrauch. Im Jahre 2040 rechnet man mit 5,4 Millionen Menschen über 80, von denen ca. ein Drittel pflegebedürftig sein wird.

Wegen pharmakokinetischer und -dynamischer Veränderungen im Alter benötigt der ältere Mensch **geringere Medikamentendosen** als der jüngere Mensch. So hat die Arzneimittelkommission der Deutschen Ärzteschaft vor Jahren schon empfohlen, die Medikamentendosis bei 65-Jährigen prinzipiell um

10%, bei über 75-Jährigen um 20% und bei über 85-Jährigen um 30% zu senken. Aber sowohl Krankenhäuser als auch niedergelassene Ärzte verordnen im Allgemeinen beim kräftigen 20- oder 40-Jährigen und beim altersschwachen 85-Jährigen dieselbe Dosis. Auch haben nur wenige pharmazeutische Unternehmen ihre Medikamente auf diese Grundregeln eingestellt. In angloamerikanischen Untersuchungen waren bei den über 60-Jährigen in der Langzeittherapie drei- bis siebenmal häufiger unerwünschte Nebenwirkungen zu beobachten als in jüngeren Altersklassen. Viele Millionen Euro könnten eingespart und unerwünschte Nebenwirkungen vermieden werden, wenn es das »altersgerechte Medikament« gäbe. Hier sind die Arzneimittelexperten und die Pharmaindustrie gefragt!

»Körperverletzung durch zu viel Psychopharmaka« - So überschreibt Prof. Dr. med. Hans Joachim Wagner im »Deutschen Ärzteblatt« vom 26. November 1999 einen Absatz seines Artikels »Interdisziplinäre Probleme und Aufgaben«. Er schreibt: »Die Gesamtverordnungen von definierten Tagesdosen an Neuroleptika haben sich innerhalb der letzten zehn Jahre verdoppelt und liegen nach dem 98er Arzneireport bei 207 Mio. definierten Tagesdosen. Die verabreichten Tagesdosen (Psychopharmaka bzw. Sedativa und Hypnotika) an über 70-jährige Patienten betragen das 3,4–6,4fache des Durchschnittsverbrauchs aller Altersgruppen.«

Psychopharmaka führen (vor allem bei Überdosierung) oft zu Schwindel und Benommenheit und es kommt zu Stürzen (oft mit Oberschenkel-, Oberarm- oder Beckenfrakturen), mit der Folge dauernder Pflegebedürftigkeit oder sogar Tod. Im »European Journal of Geriatric« (Heft 2/1999) bestätigt eine Studie vom Zentralinstitut für seelische Gesundheit in Mannheim, in der alle Bewohner von 20 zufällig ausgewählten Mannheimer Alten- und Pflegeheimen über sechs Monate beobachtet wurden, dies eindeutig. Das Ergebnis war: »58% der Heimbewohner wurden psychopharmakologisch behandelt und 34% waren im Laufe der sechs Monate gestürzt. Der Zusammenhang zwischen Psychopharmakaeinnahme und Sturzrisiko war signifikant.«

Die Wissenschaftler kommen zu dem Schluss, der auch für den Hausarzt und Heimarzt eine Leitlinie sein sollte: »Mit Hilfe von Dosisreduktionen lässt sich die Gefahr von Stürzen meist wirksam herabsetzen, ohne dass ein Verlust des therapeutischen Effektes befürchtet werden muss. Weitere Präventivmaßnahmen bestehen darin, die Einnahmedauer zu überprüfen und zu verkürzen oder auf weniger risikobehaftete Medikamente auszuweichen. Nicht zuletzt sollten bei psychisch kranken älteren Heimbewohnern auch psycho- oder milieutherapeutische Behandlungsmethoden erwogen werden.«

Vorsicht mit Psychopharmaka

Seniorenbeirat München

Der Seniorenbeirat München hat nachstehenden Antrag einstimmig angenommen.

Die Bundesseniorenvertretung schließt sich dem Antrag an und hat ihn an die Bundesärztekammer weitergeleitet.

Reduzierung der Psychopharmaka-Behandlung in Pflegeheimen und der ambulanten Pflege

Der Seniorenbeirat nimmt mit Besorgnis zur Kenntnis, dass nach wissenschaftlichen Erhebungen und Feststellungen des medizinischen Dienstes häufig durch zu viel und zu hoch dosierte und zusätzliche Gaben von Psychopharmaka und Neuroleptika Schwindel und Benommenheit ausgelöst werden können, die besonders bei Hochbetagten zu schweren Stürzen führen. Dadurch herbeigeführte Oberschenkel-, Becken- und Armbrüche führen meist zu langen Krankenhausaufenthalten, dauernder Pflegebedürftigkeit oder zum Tod.
Der Seniorenbeirat schließt sich der Studie des »Zentralinstituts für seelische Gesundheit« in Mannheim an, die ausführt: »Mit Hilfe von Dosierungsreduktionen lässt sich die Gefahr von Stürzen meist wirksam herabsetzen, ohne dass ein Verlust des therapeutischen Effektes befürchtet werden muss. Weitere Präventivmaßnahmen bestehen darin, die Einnahmedauer zu überprüfen und zu verkür-

zen oder auf weniger risikobehaftete Medikamente auszuweichen. Nicht zuletzt sollten bei psychisch kranken älteren Heimbewohnern auch psycho- oder milieutherapeutische Behandlungsmethoden erwogen werden« (European Journal of Geriatric Heft 2/1999).

Seniorenbeirat Dr. Dr. Erich Grassl

Die Pharma-Industrie täte auch gut daran, die Nebenwirkungen kürzer zu fassen und größer drucken zu lassen. Der alte Mensch kann die seitenlangen Abhandlungen in Minimal- und Kleindruck nicht lesen und macht dadurch viele gesundheitsschädigende Fehler.

Verordnung häuslicher Krankenpflege

Der Hausarzt kann Ihnen auch helfen, wenn Sie vorübergehend häusliche Krankenpflege brauchen. Er weiß die Adressen der Sozialstationen und ambulanten Pflegedienste und kann Ihnen zur häuslichen Krankenpflege auf Kosten der Krankenkassen verhelfen.

Das **Formular »Verordnung häuslicher Krankenpflege«** ist in der gesamten Bundesrepublik üblich. Mit ihm kann der Hausarzt oder behandelnde Arzt für seinen Patienten eine häusliche Pflege und sogar hauswirtschaftliche Versorgung anordnen. Die Pflege- oder Behandlungskräfte oder hauswirtschaftlichen Hilfen werden dann von den Krankenkassen bezahlt. Allerdings muss die häusliche Krankenpflege notwendig sein, weil:

- Krankenhauspflege geboten, aber nicht möglich ist;
- Krankenhauspflege dadurch nicht erforderlich wird;
- Krankenhauspflege dadurch abgekürzt werden kann.

8. Häusliche Pflege durch Hilfskräfte

Akute Erkrankung, eine Verschlechterung des Gesundheitszustandes, der Zustand nach Operationen oder Brüchen können die Leistungsfähigkeit und Kraft des alten Menschen so mindern, dass er eine Hilfe braucht. Dies kann besonders bei Alleinstehenden notwendig werden oder bei Ehepartnern, wenn ein Partner krank wird und nicht wie bisher helfen kann.

Man muss dankbar sein, dass Staat und Gesellschaft, freie karitative Organisationen und die Mitmenschen in den letzten Jahren ein weit reichendes Netz der Altenhilfe geschaffen haben.

Die Fürsorge für die Pflegebedürftigen ist neben der Arbeitslosigkeit das größte soziale Problem unserer Gesellschaft. Dabei muss immer wieder betont werden, dass die überwiegende Last der Versorgung von den Familien, den Angehörigen getragen wird.

Von den schätzungsweise über 2 Millionen Pflegebedürftigen sind nur ca. 370 000 in Heimen untergebracht. Bei der Vorstellung des Statistischen Jahrbuches 2003 wurden neue Zahlen genannt, die die sozialen Sicherungssysteme bedrohen. Nach diesen Zahlen werden bald etwa 1,2 Millionen Menschen zwischen

85 und 90 Jahren auf fremde Pflege angewiesen sein, 40% davon im Heim - eine Folge der Verdreifachung der Zahl der Hochbetagten. Die Großfamilien schwinden, es gibt immer mehr Einzelhaushalte und Singles, immer mehr Spätscheidungen - alles Tatsachen, die anstatt häuslicher Versorgung Fremdhilfe und Pflegeheimaufenthalt bedeuten.

Sozialstationen und ambulante Krankenpflege

Braucht man Fremdhilfe, so stehen heute überall Sozialstationen und ambulante Pflegedienste zur Verfügung. Kümmern Sie sich rechtzeitig darum, wer soziale Dienste in Ihrem Bezirk oder Stadtteil anbietet und zu wem Sie am meisten Vertrauen und ein persönliches Verhältnis haben. Über Sozialstationen verfügen fast alle Wohlfahrtsverbände:

- die Arbeiterwohlfahrt
- der Deutsche Caritasverband
- der paritätische Wohlfahrtsverband
- das Deutsche Rote Kreuz
- das Diakonische Werk EKG e.V.
- die Zentralstelle der Juden in Deutschland
- sowie auf privatwirtschaftlicher Grundlage aufgebaute Krankenpflegeunternehmen

Meist vermitteln auch Kirchengemeinden ihre Dienste. Schon im Mittelalter bis in unsere Zeit waren es in den Städten und auf dem Land Ordensschwestern, die diese pflegerischen Dienste übernahmen. Durch Überalterung und Nachwuchsmangel fielen und fallen sie fast überall weg und schaffen neuen Organisationen Platz. Aber auch diese leiden heute an einem Mangel an Pfleger/innen und sind großenteils auf Kräfte aus dem Ausland angewiesen.

Beantragung der Pflegestufe

Um richtig und krankheitsentsprechend versorgt zu werden, benötigen Sie die Einteilung in eine Pflegestufe, die entsprechend Ihrem Krankheitszustand erteilt wird. **Sie selbst können bei Ihrer Krankenkasse dazu den Antrag stellen** oder Ihren Hausarzt darum bitten. Je nach Arbeitsbelastung kommt dann nach kürzerer oder längerer Zeit der Medizinische Dienst des Krankenhauses, untersucht Sie, befragt Sie und stellt die Pflegestufe fest.

Vielfach kann man beobachten, dass viele alte Kranke sich gesünder und fitter darstellen, als sie tatsächlich sind, und manche Schwierigkeiten aus Scham verschweigen – wie chronischen Urinabgang, chronische Obstipation (Verstopfung) usw. – und so ein falsches Bild ihres Zustandes entsteht. Schildern Sie offen Ihren Zustand, ohne Übertreibung, aber auch ohne Beschwerden zu verschweigen. Holen Sie sich am besten vorher von Ihrem Hausarzt einen Bericht und Unterlagen über Ihren Zustand.

Die Einteilung in die 3 Grade der Pflegebedürftigkeit ist wegen der finanziellen Einteilung und Zuteilung wichtig.

Die Pflegestufen

Der Grad für die Pflegebedürftigkeit ist unterschiedlich:

- **Schwerstpflegebedürftige (Pflegestufe III)**
ca. 210 000 Menschen benötigen intensive Pflege und völlige hauswirtschaftliche Versorgung.

- **Schwerpflegebedürftige (Pflegestufe II)**
ca. 420 000 Menschen brauchen erhebliche pflegerische und hauswirtschaftliche Betreuung, können sich aber teilweise noch selbst versorgen.

- **Leichtpflegebedürftige (Pflegestufe I)**
ca. 1,1 Millionen Menschen sind zwar auf Pflegedienste und Unterstützung angewiesen, kommen aber insgesamt noch recht gut allein zurecht.

Die genannten Zahlen sind Schätzungen des Forums häuslicher Pflege vor einigen Jahren. Die tatsächliche

Leistungen in Deutschland

Pflegeversicherung
Präambel zur Pflegeversicherung: »Es gilt der Grundsatz ambulant vor stationär: Häusliche Pflege hat Vorzug gegenüber der Pflege im Heim.«

Pflegesachleistungen und Pflegegeld ab 1. Juli 2008
***Die ambulanten Sachleistungsbeträge** werden bis 2012 stufenweise wie folgt angehoben:*

Pflegestufe	bisher €	2008	2010	2012
Stufe I	384	420	450	450
Stufe II	921	980	1040	1100
Stufe III*	1432	1470	1510	1550

**Die Stufe III für Härtefälle im ambulanten Bereich in Höhe von 1918 € monatlich bleibt unberührt.*

***Das Pflegegeld** wird bis 2012 wie folgt angehoben:*

Pflegestufe	bisher €	2008	2010	2012
Stufe I	205	215	225	235
Stufe II	410	420	430	440
Stufe III	665	675	685	700

***Die stationären Sachleistungsbeträge** der Stufen I und II bleiben zunächst unverändert. Die Stufe III und Stufe III in Härtefällen werden bis 2012 stufenweise wie folgt verändert.*

Pflegestufe	bisher €	2008	2010	2012
Stufe III	1432	1470	1510	1550
Stufe III/ Härtefall	1688	1750	1825	1918

***Der zusätzliche Leistungsbetrag** für Menschen mit erheblich eingeschränkter Alltagskompetenz wird auf bis zu 2400 € jährlich angehoben:*
Menschen mit erheblich eingeschränkter Alltagskompetenz, die zwar noch keinen erheblichen Pflegebedarf, wohl aber Betreuungsbedarf haben, können diesen Betrag auch erhalten. Der zusätzliche Leistungsbetrag wird in unterschiedlicher Höhe (2 Stufen) entsprechend des festgestellten Betreuungsaufwands geleistet. In der Regel korreliert der Betreuungsaufwand von Menschen mit eingeschränkter Alltagskompetenz mit den Pflegestufen, da mit der Schwere der demenziellen Erkrankung neben dem Beaufsichtigungsbedarf auch der verrichtungsbezogene Hilfebedarf unvermeidbar ansteigt.
Zusätzliche Leistungen werden im Übrigen nicht nur für ambulant versorgte, sondern auch für die in stationären Einrichtungen unter-

gebrachten Demenzkranken eingeführt.
Mehr Informationen zu Leistungen der Pflegeversicherung erhalten Sie bei Ihrer Krankenversicherung, bei örtlichen Seniorenberatungsstellen und bei den Sozialberatungen der Kliniken und Krankenhäusern. Eine Zusammenfassung der Pflegeleistungen finden Sie auch im Internet auf den Seiten des Bundesgesundheitsministeriums unter www.bmg.bund.de in der Rubrik »Pflege«.

Leistungen bei Verhinderung der Pflegeperson
Kostenübernahme bis maximal 1432,– € für längstens vier Wochen je Kalenderjahr bei Hilfe durch erwerbsmäßig pflegende Person.
Bis zu 93,33% des Pflegegeldes der festgestellten Pflegestufe bei Inanspruchnahme einer nicht erwerbsmäßig pflegenden Person (Ausgleich, zum Beispiel für Verdienstausfall, Fahrkosten usw. bis insgesamt max. 1432,– €.

Zum Verbrauch bestimmte Hilfsmittel
(zum Beispiel Betteinlagen, Verbände, Inkontinenzmittel): Monatlich bis zu 31,– €

Unterstützung für Maßnahmen zur Verbesserung des Wohnumfeldes
Bis zu 2557,– € je Maßnahme (zum Beispiel Badumbau)

Kurzzeitpflege
Je Kalenderjahr für längstens vier Wochen: Bis maximal 1432,– €

Pflegehilfsmittel

Anspruch auf Pflegehilfsmittel
Pflegebedürftige haben Anspruch auf Versorgung mit Pflegehilfsmitteln, die zur Erleichterung der Pflege oder zur Linderung der Beschwerden beitragen oder ihnen eine selbstständigere Lebensführung ermöglichen.

Hilfsmittel /Pflegehilfsmittel
Besteht eine Krankheit bzw. liegt eine Behinderung vor, ist die Krankenkasse gesetzlich verpflichtet, Hilfsmittel zu bezahlen (gemäß § 33 SGB V). Pflegehilfsmittel werden nur dann bezahlt, wenn Pflegebedürftigkeit besteht und eine Leistungspflicht der Krankenkassen nicht vorliegt. Der Antrag für die Kostenübernahme eines Pflegehilfsmittels kann ohne ärztliche Ver-

ordnung bei der Pflegekasse gestellt werden. Die Versorgung der Versicherten mit Hilfsmitteln durch die Krankenkassen bei einer zu behandelnden Krankheit wird durch die Versorgung mit Pflegehilfsmitteln bei bestehender Pflegebedürftigkeit nicht berührt.

Was zahlt die Kasse?
Zum Verbrauch bestimmte Pflegehilfsmittel werden von den Pflegekassen monatlich bis zu einem Betrag von 31,– € bezahlt. Technische Pflegehilfsmittel werden ohne finanzielle Obergrenze vergütet. Sie sollen jedoch primär leihweise an Pflegebedürftige abgegeben werden.

Zuzahlungen zu Pflegehilfsmitteln
Pflegebedürftige, die das 18. Lebensjahr vollendet haben, haben zu den Kosten der technischen Hilfsmittel eine Zuzahlung von 10 %, höchstens jedoch 31,– € je Pflegehilfsmittel, selbst zu entrichten. Darüber hinaus können Pflegebedürftige ganz oder teilweise von der Zuzahlung befreit werden. Anträge gibt es bei den Pflegekassen.

Weitere Möglichkeiten finanzieller Entlastung bei Inanspruchnahme professioneller Pflege

Einkommensteuer
Einkommensteuerpflichtige können Aufwendungen für die Pflege beim Finanzamt geltend machen.

(Alle nachfolgenden Gesetzestexte können nur auszugsweise veröffentlicht werden.)

§ 33 Außergewöhnliche Belastungen
Erwachsen einem Steuerpflichtigen zwangsläufig größere Aufwendungen als der überwiegenden Mehrzahl der Steuerpflichtigen gleicher Einkommensverhältnisse, gleicher Vermögensverhältnisse und gleichen Familienstands (außergewöhnliche Belastung), so wird auf Antrag die Einkommensteuer dadurch ermäßigt, dass der Teil der Aufwendungen, der die dem Steuerpflichtigen zumutbare Belastung (Absatz 3) übersteigt, vom Gesamtbetrag der Einkünfte abgezogen wird.

SGB XII
Hilfe zur Pflege (Sozialhilfe)
Das am 1. Januar 2005 in Kraft getretene Zwölfte Sozialgesetzbuch (SGB XII) löst das Bundessozialhilfegesetzes (BSHG) und des Grundsicherungsgesetzes (GSiG) über eine bedarfsorientierte Grundsicherung im Alter und bei Erwerbsminderung ab. Gleichzeitig tritt auch das neue SGB II (Grundsicherung für Arbeitssuchende) in Kraft. »Hilfe zur Pflege« wird im SGB XII, Kapitel 7, 4 61 ff geregelt:

§ 61 Leistungsberechtigte und Leistungen
Personen, die wegen einer körperlichen, geistigen oder seelischen Krankheit oder Behinderung für die gewöhnlichen und regelmäßig wiederkehrenden Verrichtungen im Ablauf des täglichen Lebens auf Dauer, voraussichtlich für mindestens sechs Monate, in erheblichem oder höherem Maße der Hilfe bedürfen, ist Hilfe zur Pflege zu leisten. Hilfe zur Pflege ist auch Kranken und behinderten Menschen zu leisten, die voraussichtlich für weniger als sechs Monate der Pflege bedürfen oder einen geringeren Bedarf als nach Satz 1 haben oder die der Hilfe für andere Verrichtungen als nach Absatz 5 bedürfen.
Die Hilfe zur Pflege umfasst häusliche Pflege und erforderliche Hilfsmittel. Die Hilfe zur Pflege kann auf Antrag auch als Teil eines trägerübergreifenden persönlichen Budgets erbracht werden.

§ 70 Hilfe zur Weiterführung des Haushaltes
Personen mit eigenem Haushalt sollen Leistungen zur Weiterführung des Haushaltes erhalten, wenn keiner der Angehörigen den Haushalt führen kann und die Weiterführung des Haushaltes geboten ist.
Die Leistungen sollen in der Regel nur vorübergehend erbracht werden. Satz 2 gilt nicht, wenn durch die Leistungen die Unterbringung in einer stationären Einrichtung vermieden werden kann.

Übrigens …
Sozialämter dürfen pflegebedürftige Sozialhilfeempfänger nicht in ein Pflegeheim einweisen lassen, um Kosten zu sparen. Das entschied das Verwaltungsgericht Braunschweig (AZ 4B 15/01).

Leistungen in der Schweiz

Hilflosenentschädigung
Die Hilflosenentschädigung wird von der Alters- und Hinterlassenenversicherung (AHV) geleistet. Altersrentner haben zusätzlich zur Rente Anspruch auf diese Leistung, sofern sie in schwerem oder mittlerem Grad hilflos sind. Hilflos ist, wer für alltägliche Verrichtungen wie Ankleiden, Toilette benützen, Essen usw. dauernd auf Hilfe Dritter angewiesen ist. Die Entschädigung wird unabhängig von Einkommen und Vermögen gewährt.
Voraussetzung ist, dass die Hilflosigkeit ununterbrochen mindestens ein Jahr gedauert hat und kein Anspruch auf eine Hilflosenentschädigung der obligatorischen Unfallversicherung oder der Militärversicherung besteht.
Notwendig ist ein Antrag bei der zuständigen Ausgleichskasse.

Leistung
Hilflosigkeit mittleren Grades
CHF 553,–
Hilflosigkeit schweren Grades
CHF 884,–

Einige wichtige Adressen für die Sozialversicherung in der Schweiz
Bundesamt für
Sozialversicherung
Effingerstrasse 20, CH-3003 Bern
Telefon 00 41 (0)31 / 322 9011
Fax 00 41 (0)31 / 322 78 80

Zentrale Ausgleichsstelle
Av. Edmond-Vaucher 18
Case postale 3000
CH-1211 Geneve 2

Informationen zum Thema AHV und Invalidenversicherung (IV) gibt es im Internet unter www.ahv.ch

Leistungen in Österreich

Pflegegeld
Das Bundespflegegeldgesetz (BPGG) und die korrespondierenden Landespflegegesetze sehen eine Kombination von Geld- und Sachleistungen vor.

Das Pflegegeld wird gewährt, wenn Pflegebedürftigkeit vorliegt und der ständige Betreuungs- und Pflegeaufwand voraussichtlich mindestens sechs Monate andauern wird. Es soll die Möglichkeit der Betroffenen verbessern, das Leben selbst zu gestalten (zum Beispiel in der häuslichen gewohnten Umgebung zu bleiben).

Pflegestufen
Bei Bedarf ist Pflegegeld zwölfmal jährlich in sieben Pflegestufen vorgesehen:

Stufe 1 148,– €
Voraussetzung sind mindestens 50 Stunden Pflegebedarf monatlich

Stufe 2 273,– €
Mehr als 75 Stunden Pflegebedarf

Stufe 3 422,– €
Mehr als 120 Stunden Pflegebedarf

Stufe 4 633,– €
Mehr als 160 Stunden Pflegebedarf

Stufe 5 859,– €
Mehr als 180 Stunden Pflegebedarf

Stufe 6 1172,– €
Diese Pflegestufe liegt vor, wenn dauernde Beaufsichtigung – also Tag und Nacht – erforderlich ist.

Stufe 7 1562,– €
Die Einteilung in Pflegestufe 7 erfolgt dann, wenn völlige Bewegungsunfähigkeit vorliegt.

Einstufung
Darüber wird aufgrund eines ärztlichen Sachverständigengutachtens in Form von Hausbesuchen entschieden.
Allerdings wurden Mindesteinstufungen für blinde und taubblinde Personen, sowie für Menschen, die überwiegend auf den Gebrauch eines Rollstuhls angewiesen sind, beschlossen.

Wichtige Adresse für das Bundespflegegesetz in Österreich
Pflegetelefon des Bundesministeriums
08 00 / 2016 22
(gebührenfrei, gilt nur in Österreich)

Quelle: Pflegefreund 1/2008, S. 8–9

Zahl der Hilfs- und Pflegebedürftigen dürfte schon heute höher liegen. Ihr Anteil wird aber von Jahr zu Jahr noch deutlich steigen.

Wir benötigen – bereits jetzt und ganz besonders in Zukunft – mehr Pflegekräfte und mehr ehrenamtliche Pflege-Hilfskräfte, wenn wir die alten und pflegebedürftigen Menschen betreuen wollen.

Über die finanzielle Unterstützung bei der Pflege und für Pflegekräfte unterrichten die auf S. 115–120 abgedruckten Informationen. Es ist durchaus möglich, dass auch die Angehörigen das Pflegegeld erhalten. Bei teilweiser Betreuung kann es zwischen den pflegenden Angehörigen und den Pflegekräften aufgeteilt werden.

Nachbarschaftshilfen

Organisierte Nachbarschaftshilfen sind z.B. Hilfen aus der Kirchengemeinde und »Essen auf Rädern«.

Gegenseitige Hilfe war unter Nachbarn zu allen Zeiten selbstverständlich. Unsere moderne Zivilisation mit den vielen Großstädten und Hochhäusern erschwert dieses Bemühen gegenseitiger Hilfe.

So hat sich – vor allem erst in den letzten drei Jahrzehnten – in allen Bezirken der Bundesrepublik, auf dem Lande nicht weniger als in der Stadt, vor allem aber in der Großstadt, – ein organisiertes Hilfssystem aufgebaut. Hier wollen Menschen anderen Menschen helfen, die Hilfe brauchen!

Als Grundprinzip haben alle diese Hilfsorganisationen das Motto:

Wir helfen
unabhängig von Religionszugehörigkeit,
Staats- oder Parteizugehörigkeit

Sie alle wollen helfen, dem Pflegebedürftigen, aber auch den Pflegenden ihre Situation so weit wie möglich zu erleichtern.

Fast in allen Bezirken - vor allem auch in den Großstädten - entstanden auf **Initiative von engagierten Bürgern** Nachbarschaftshilfen zur Unterstützung bei der Versorgung und Pflege alter und pflegebedürftiger Menschen. Sie arbeiten im Wesentlichen **mit freiwilligen ehrenamtlichen Helfern**. In der Zukunft werden wir zur Bewältigung der Versorgung der stetig steigenden Zahl von Pflegebedürftigen noch viel mehr Nachbarschaftshilfen und Helfer brauchen!

Wenn Sie noch leistungsfähig sind, melden Sie sich als Helfer oder versuchen Sie – wo sie fehlt – eine Nachbarschaftshilfe aufzubauen.

Was tun die Nachbarschaftshilfen?

- Kurzfristige Hilfe bei plötzlicher Erkrankung
- Besuche bei kranken, alten und allein stehenden Menschen

- Gespräche, Vorlesen, Spaziergänge und Einkäufe
- Begleitung zum Arzt
- Hilfe bei Behördenangelegenheiten
- Einfache pflegerische Hilfe

Altenhilfekurse

Gut und zweckmäßig ist es, die Helfer in Kursen zu schulen, ihnen die Probleme der alten Menschen nahe zu bringen, wichtige Alterskrankheiten mit ihnen zu besprechen und sie mit den Verordnungen der Krankenkassen und der Pflegeversicherung bekannt zu machen. Wichtig ist es aber auch, sie in die Handgriffe der häuslichen pflegerischen Versorgung und in die altengerechte Ernährung einzuweisen und ihnen über den Umgang mit psychisch schwierigen und auffälligen alten Menschen zu berichten. Die Kurse sind meist an 8 Nachmittagen und werden vor allem organisiert von den Wohlfahrtsverbänden. Wird der Kurs ohne Ausfälle besucht, wird darüber eine persönliche Teilnahmebescheinigung ausgestellt. Diese kann zusammen mit praktischen Einsätzen zur **Anerkennung als »Altenpflegehilfskraft«** vorgelegt werden.

Wenn Sie Freude am Helfen haben und sich fachgemäß weiterbilden wollen, so machen Sie einen Kurs mit. Für Mitglieder der gesetzlichen Krankenkassen ist er gebührenfrei.

Hilfen aus der Kirchengemeinde

Viele Kirchengemeinden nutzen Besuchsdienste dazu, den Kontakt zu ihren Gläubigen aufrechtzuerhalten und ihnen Kraft und Hilfe zu geben. Oft übernehmen sie auch **Begleit- und Fahrdienste** und befördern Kranke und Pflegebedürftige zum Arzt, zur Tagespflege, zum Einkaufen und zum Gottesdienst. Meist schicken die Kirchengemeinden auch Pfarrbriefe, aus denen Sie die Telefonnummern des Pfarramtes und Auskunft zu Hilfsdiensten bekommen können. Die religiöse Gemeinsamkeit wird Ihnen viel Kraft geben können!

Weit verbreitet sind die »**Essen auf Rädern**«-Dienste, meist geführt von Wohlfahrtsverbänden, die Ihnen das Essen als tägliche Warmkost oder als wöchentliche Tiefkühlkiste ins Haus bringen. Die meisten Veranstalter bieten Normalkost, Diät- und Schonkost. Die zuständige Lieferadresse erfahren Sie in der Sozialstation, im Pfarramt oder Sozialamt.

Die **Mahlzeitendienste** bringen auch schwerpflegebedürftigen und einsamen Menschen das Essen ins Haus. Ein Besuch bei dem Kranken und Pflegebedürftigen ist dabei immer verbunden mit einer kurzen Begrüßung und Unterhaltung – oft der einzigen am Tage. Auch dieser menschliche Kontakt ist viel wert! Oft warten Vereinsamte und Alleinstehende auf den Bringer oder die Bringerin des Essens, um wenigstens ein paar Worte wechseln zu können.

Alternativ werden für noch einigermaßen gehfähige alte Menschen **Mittagstische in Tagesstätten, Altenheimen und Altenservice-Zentren angeboten**. Erkundigen Sie sich nach diesen Adressen.

Zur Beachtung: Schreiben Sie sich schon in guten Zeiten die Adressen und Telefonnummern der Nachbarschaftshilfen, der Pflegedienste in den Kirchengemeinden und der »Essen auf Rädern«-Dienste auf, damit Sie sie bei plötzlicher schwerer Erkrankung oder Hinfälligkeit ohne viel Suchen parat haben.

Verordnung häuslicher Pflege

Wie oft sind Angehörige überfordert und schaffen die Pflege der ihnen Anvertrauten nicht mehr. Dann brauchen die betroffenen alten Menschen eine andere pflegerische und hauswirtschaftliche Versorgung. Das kann der Hausarzt auf einem speziellen Formular auf Kosten der Krankenkasse verordnen.

Das Formular »Verordnung häuslicher Krankenpflege« ist in der gesamten Bundesrepublik üblich. Mit ihm kann der Hausarzt oder der behandelnde Arzt für seinen Patienten häusliche Pflege und sogar hauswirtschaftliche Versorgung anordnen. Die Pflege- oder Behandlungskräfte werden dann von den Krankenkassen nach Überprüfung der Notwendigkeit bezahlt. Allerdings muss die häusliche Krankenpflege notwendig sein, weil:

- Krankenhauspflege geboten, aber nicht möglich ist,
- Krankenhauspflege dadurch nicht erforderlich wird,
- Krankenhauspflege dadurch abgekürzt werden kann,
- die ärztliche Behandlung dadurch gesichert wird (soweit die Krankenkasse diese Leistung vorsieht).

Es kann vom Arzt für notwendig erachtet werden:

Behandlungspflege: Injektionen, Verbände, Versorgung mit Trachealkanülen, Katheterisierung, Einlauf, sonstige pflegerische Leistungen wie Spülungen, Blutdruckmessen, Zuckertest, Blasenspülung, Bewegungs- und Gehübungen, medizinische Bäder.

Grundpflege: Pflegemaßnahmen wie zum Beispiel Waschungen, Reinigungsbäder, Mundpflege, Haarpflege, Betten, Umbetten, Wäschewechseln, Versorgung der Ausscheidungen usw., Tagwache, Nachtwache, Tag- und Nachtwache.

Der Arzt bestimmt, wie oft die Behandlung und Pflege stattfinden soll - täglich oder wöchentlich.

Hauswirtschaftliche Versorgung: Versorgung täglich höchstens 3 Stunden.

Das Formular hat drei Seiten: eine für die Krankenkasse, eine für den Leistungserbringer, eine für den Arzt.

Ein großes Problem ist die Pflegebedürftigkeit für die ganze Familie und besonders für einen nach einer schweren Erkrankung als pflegebedürftig entlassenen alten Menschen. Etwa wenn ein Schlaganfall-Patient (in der Bundesrepublik gibt es im Jahr ca. 370 000 Schlaganfälle) halb gelähmt, im Rollstuhl, der Sprache kaum mächtig wieder in die eigene Wohnung zurückkommt.

Auf einmal ist alles anders: Kommt man mit dem Rollstuhl durch alle Türen? Wie kommt man auf die Toilette? Wer hilft beim Essen, beim Zubettgehen? Sind die Betten zu niedrig oder zu hoch? Alle diese Schwierigkeiten können die Familienangehörigen oder der einzelne Partner ohne Hilfe nicht lösen. Es fehlt ihnen die Erfahrung.

Vom Krankenhaus in die ambulante Pflege

Man will hier nun neue Wege gehen, die sich in Berlin und München bereits anbahnen und die bald in der ganzen Bundesrepublik eingeführt werden: Die bessere »Überleitung« vom Krankenhaus zur ambulanten Versorgung zu Hause.

Auch hier ist der **Hausarzt** wieder die Schlüsselfigur. Einige Tage vor der Krankenhausentlassung erhält der Hausarzt einen Bericht des Krankenhauses. Darin wird der Zustand des Kranken geschildert, der Grad seiner Pflegebedürftigkeit festgelegt und bereits festgestellt, ob er ambulante Hilfe braucht und welche Behandlung er benötigt.

Nun nimmt der Hausarzt an Ort und Stelle Kontakt auf mit den Angehörigen. Man berät zusammen, wie man alles am besten lösen und einrichten kann: So wird der pflegebedürftige Patient bereits umsichtig versorgt, bevor er aus dem Krankenhaus entlassen wird.

Je nachdem, wie der Bericht des Krankenhauses ausfällt, wird jetzt schon die pflegerische Betreuung durch die Sozialstation oder ambulante Schwestern, das »Essen auf Rädern« und die Krankengymnastin bestellt. In nicht ganz klaren Fällen kann dies dann aber auch bei dem ersten Besuch des Hausarztes erfolgen, wenn der Pflegebedürftige bereits zu Hause in der eigenen Wohnung ist. Dann wird sich ferner zeigen, ob er eine spezialärztliche Betreuung braucht.

Es wird noch einige Zeit, sicher mehrere Jahre, dauern, bis diese so vernünftige und für den Patienten und seine Angehörigen so hilfreiche »Überleitung« vom Krankenhaus in die Wohnung durch den Hausarzt allgemein üblich ist. Bis es so weit ist, bitten Sie doch Ihren Hausarzt, Ihnen behilflich zu sein. Er wird dies sicher gerne tun: So wird dem Pflegebedürftigen nämlich viel Hilfe zuteil und die Rückkehr in seine Wohnung unter diesen neuen Umständen wird ihm erleichtert.

Eine Quizfrage! Welches ist in der Bundesrepublik - und zwar sowohl im Osten wie im Westen - der Beruf mit dem höchsten Ansehen in der Bevölkerung, wer ist am beliebtesten? Es ist - wie mehrere Umfragen zeigen - neuerdings wieder der **Hausarzt**. Er rangiert noch vor Professoren, evangelischen Pastoren und erst recht weit vor den Politikern.

Also noch einmal mein Rat: Suchen Sie sich einen Hausarzt und bauen Sie zu ihm ein Vertrauensverhältnis auf! Er wird Ihnen helfen und Sie nicht im Stich lassen!

Krankenblatt für Pflegebedürftige

Ist der Angehörige, Vater, Mutter, Mann oder Frau schwer krank und liegt zu Hause als Pflegefall, so ist es ratsam, für den Patienten ein Krankenblatt für Pflegebedürftige anzulegen. Es wurde von mir vor Jahren in der Kassenärztlichen Vereinigung München eingeführt und sollte am Bett des Kranken liegen und jederzeit griffbereit sein. Es enthält vor allem wichtige Informationen zu den Dauerdiagnosen, den Medikamenten, die der Patient einnimmt, und den Pflegeleistungen. Dazu kommen die Adressen der Pflegeeinrichtungen und Ärzte, die den Patienten betreuen, und andere wichtige personenbezogene Telefonnummern und Adressen.

Es hat sich gezeigt, dass bei vielen akuten Verschlechterungen der Notärztliche Dienst oder ein Samstag-

Krankenblatt für Pflegebedürftige

Name: ______________________ Telefonnummer: __________

wohnhaft: ______________________

Krankenkasse: ______________________

Dauerdiagnosen:
(vom Arzt einzutragen)

Medikamente:
(vom Arzt einzutragen)

Pflegeleistungen:
(vom Sozialdienst einzutragen)

Helfer: Adresse: Telefonnummer:

Sozialstation:

Essen auf Rädern:

Krankengymnastin:

Name: Adresse: Telefonnummer:

Hausarzt:

Fachärzte 1:

2:

Angehörige 1:

2:

Bezugspersonen (mit einem Schlüssel zur Wohnung):

1:

2:

Wichtige Telefonnummern:

Feuerwehr: __________ Ärztlicher Notdienst: __________

Hausnotruf: __________ Krankentransport: __________

Befunde liegen bei:

Krankenhaus: __________ vom __________

Facharzt: __________ vom __________

Sonntag-Notarzt gerufen wird. Kennt dieser die Diagnosen und Medikamente, kann er viel schneller diagnostizieren und entscheiden. Ohne diese Hilfe gibt es oft viele unnötige Krankenhauseinweisungen und viele unnötige und kostspielige Krankenhaus-Nottransporte.

Das Krankenblatt für Pflegebedürftige ist eine einfach durchführbare Hilfe am Krankenbett, die viele unnötige, komplikationsreiche Eingriffe und aufregende Noteinweisungen sowie eine häufig stattfindende baldige Rücküberweisung verhindern hilft.

Ergänzend zum Krankenblatt sollten Sie immer auch das Medikamentenblatt vorlegen (Siehe dazu Seite 105 ff.)

Pflege auf Zeit – Erholung für Angehörige

Eine der erfreulichen Bestimmungen des Gesundheitsreformgesetzes ist die von den Krankenkassen bezahlte Pflege auf Zeit. Danach erhalten Pflegebedürftige pro Jahr für 4 Wochen 1432 Euro für einen Aufenthalt in einem Heim oder einen Platz für Kurzzeitpflege.

Dies kann in Anspruch genommen werden, wenn sich der Zustand des Pflegebedürftigen vorübergehend verschlechtert und die Angehörigen der Pflege nicht mehr gewachsen sind. Es kann aber auch in Frage kommen, wenn die pflegenden Angehörigen seelisch und körperlich überfordert sind oder selbst vorübergehend zur Behandlung in ein Krankenhaus gehen müssen.

Wohl gibt es in fast allen Heimen in der Bundesrepublik Plätze für »Pflege auf Zeit«, aber sie reichen bei weitem noch nicht aus. Wenn ein Zeitpunkt vorliegt, sollte man sich möglichst früh um einen Termin kümmern.

Die Sozialämter können vermitteln! Man muss die **Kurzzeitpflege** rechtzeitig bei den Krankenkassen anmelden und genehmigen lassen, um in den Genuss der vorgesehenen Zuzahlung zu kommen (pro Jahr höchstens 4 Wochen mit 1432 Euro Zuschuss).

Erholungskuren für Frauen, die Angehörige pflegen

Von den schätzungsweise über 2 Millionen Pflegebedürftigen in der alten Bundesrepublik sind nur 370 000 Langzeitpflegebedürftige in Heimen untergebracht. Alle Übrigen werden also in den Familien verpflegt, versorgt und umsorgt.

Die Pflege des hilfsbedürftigen und pflegebedürftigen alten Menschen stellt große Anforderungen an die Pflegenden. Sie müssen die eigenen Bedürfnisse zurückstellen, Urlaub und Freizeit sind eingeschränkt und durch die dauernden Belastungen ist ihre eigene Gesundheit bedroht. Nur selten hört man Unmut und Murren. Sie sind unsere stillen Helden – man muss eher sagen Heldinnen, da es ja meist die Frauen sind, die versorgen: die Ehefrauen, die Töchter, die Schwiegertöchter.

Für Frauen, die pflegebedürftige Angehörige versorgen, bietet in allen Bundesländern der Mütterdienst im Rahmen des Müttergenesungswerkes Sonderkuren an. Wenden Sie sich an den Hausarzt oder die Pflegedienste Ihrer Sozialstation. Lassen Sie sich die Adressen der Heime des Mütterdienstes geben. Beide werden Ihnen behilflich sein, die Erholungskur - meist über Ihre Krankenkasse - genehmigt zu bekommen. Wenn es geht, planen Sie schon möglichst frühzeitig, da die Kuren in diesen Heimen sehr gefragt sind.

Mit Recht stellt der Mütterdienst fest: »Die in der Regel unentgeltliche Pflege rund um die Uhr zehrt an den eigenen Kräften und an der Gesundheit.« Damit aus diesen Frauen, die oft über ihre eigenen Kräfte arbeiten, nicht die Pflegebedürftigen von morgen werden, werden drei- bis vierwöchige Kuren angeboten. In diesen Mütterkuren werden meist auch Bäder, Massagen und Kneippanwendungen verabreicht, es werden aber auch Gruppengespräche, Einzelberatungen, viele Freizeitaktivitäten und musische Veranstaltungen angeboten.

Steht eine Müttererholungskur an, so wird man sich um die Vermittlung eines Kurzzeitpflegeplatzes oder anderweitige Betreuung kümmern müssen. Hier kann wieder der Hausarzt, die Helferin der Sozialstation oder der zuständige Wohlfahrtsverband (Caritas, Innere Mission, Paritätischer Wohlfahrtsverband u.a.) behilflich sein.

Das **Müttergenesungswerk** hat in allen Bundesländern seine Niederlassungen, auch in allen Landkreisen und Städten wissen die Wohlfahrtsverbände Bescheid und vermitteln Müttererholungskuren. Die Bundesgeschäftsstelle des Deutschen Müttergenesungswerkes, gegründet von Frau Elly Heuss-Knapp, der Frau des ersten Bundespräsidenten der Bundesrepublik, liegt in Mittelfranken:

Deutsches Müttergenesungswerk
Elly-Heuss-Knapp-Stiftung
Deutenbacher Str. 1
90547 Stein/Mittelfranken
Telefon 0911/967110

Die Krankenkassen übernehmen die Kosten zu einem Teil oder in voller Höhe. Auch die Ministerien für Arbeit und Sozialordnung des Landes unterstützen diese Maßnahmen. Für Kosten, die mit der Kurzzeitpflege entstehen (zum Beispiel Heimkosten), zahlen die Ministerien für Arbeit und Sozialordnung Zuschüsse.

Unterstützung durch Selbsthilfegruppen

Eine große Hilfe und Unterstützung bei vielen Krankheiten, die im Alter vermehrt in Erscheinung treten oder sich neu einstellen, sind die in fast allen Bundesländern und hauptsächlich in Großstädten aufgebauten und wirksamen **Selbsthilfegruppen**. Hier haben sich Menschen mit derselben Krankheit zusammengefunden und beraten gemeinsam über Verbesserungsmöglichkeiten ihres Krankheitszustandes. Sie haben meist anschauliches Material über die Krankheit gesammelt und geben es gerne weiter.

Nehmen Sie Kontakt auf, wenn Sie oder der zu pflegende Angehörige davon betroffen ist und holen Sie sich Informationen und Behandlungsvorschläge. Menschen, die an der gleichen Krankheit leiden und dasselbe wie Sie erdulden müssen, haben viel mehr Verständnis für Ihre Anliegen und beraten Sie meist mit mehr Einfühlungsvermögen und Geduld!

Anbei eine Liste der wichtigsten Selbsthilfegruppen in der Bundesrepublik, die Ihnen dann auch gerne ihre Zweigstellen in den Bundesländern und Großstädten mitteilen.

Rat und Hilfe erhalten Sie bei folgenden Adressen:

Deutscher Allergie- und Asthmabund
Hindenburgstr. 110
41061 Mönchengladbach
Telefon 02161/81494-0
Fax 02161/81494-30

Deutsche Alzheimer Gesellschaft
Kantstraße 152
10623 Berlin
Telefon 030/315037-33
Fax 030/315037-35

Bundesverband für die Aphasiker-Rehabilitation
Robert-Koch-Straße 34
97000 Würzburg
Telefon 0931/2501-30-0
Fax 0931/250130-39

Deutscher Diabetiker-Bund e.V.
Danziger Weg 1
58511 Lüdenscheid
Telefon 02351/989153
Fax 02351/989150

Dt. Ileostomie-Colostomie-Urostomie-Vereinigung e.V.
Landshuter Straße 30
85356 Freising
Telefon 08161/934301
Fax 08161/934304

Frauenselbsthilfe nach Krebs Bundesverband e.V.
B 6, 10–11
68159 Mannheim
Telefon 0621/24434
Fax 0621/154877

Deutsche Multiple Sklerose Gesellschaft
Vahrenwalder Straße 207
30165 Hannover
Telefon 0511/96834-0
Fax 0511/96834-50

Deutsche Gesellschaft für Muskelkranke e.V.
Im Moos 4
79112 Freiburg
Telefon 07665/9447-0
Fax 07665/9447-20

Bundesselbsthilfeverband Osteoporose e.V.
Kirchfeldstraße 149
40215 Düsseldorf
Telefon 0211/319165
Fax 0211/332202

Deutsche Parkinson Vereinigung e.V.
Moselstraße 31
41464 Neuss
Telefon 02101/41016
Fax 02101/45445

Pflegeverbund Deutschland
Großbeerenstraße 109
14482 Potsdam
Telefon zum Nulltarif 0800/7242424

Deutsche Rheuma-Liga Bundesverband e.V.
Maximilianstraße 14
53111 Bonn
Telefon 0228/76606-0, Fax -20

Schädel-Hirnpatienten in Not e.V.
Bayreuther Straße 33
92224 Amberg
Telefon 09621/64800
Fax 09621/63663

Stiftung Deutsche Schlaganfallhilfe SdbR
Carl-Bertelsmann-Straße 256
33335 Gütersloh
Telefon 05241/97700
Fax 05241/702071

Kuratorium ZNS für Unfallverletzte mit Schäden des Zentralen Nervensystems e.V.
Rochusstraße 24
53123 Bonn
Telefon 0228/78450
Fax 0228/9784555

Kuratorium Deutsche Altershilfe
An der Paulskirche 3
50677 Köln
Telefon 0201/931847-0, Fax -6

Deutsches Zentrum für Altersfragen
Manfred-von-Richthofen-Straße 2
12101 Berlin
Telefon 030/7866071
Fax 030/784350

Versicherungsschutz für pflegende Angehörige

Pflegende Angehörige, Freunde und Nachbarn sind bei Unfällen während der Pflege gesetzlich unfallversichert (Pflege-Unfallversicherung). Dafür müssen sie keine Beiträge bezahlen, **die Kosten für die gesetzliche Unfallversicherung für pflegende Angehörige übernehmen die Gemeinden**.

Diese Versicherung wird getragen von den kommunalen Gemeindeunfallversicherungsverbänden, Unfallkassen und Landesunfallkassen im gesamten Bundesgebiet. Versichert sind Familienangehörige, Nachbarn oder Freunde. **Voraussetzung für den Schutz** ist, dass die Pflegetätigkeit der einzelnen Pflegeperson

- einem Pflegebedürftigen im Sinne des Sozialgesetzbuches dient,
- pro Woche mindestens 14 Stunden pro Pflegebedürftigem umfasst,
- in häuslicher Umgebung stattfindet und
- nicht erwerbsmäßig ausgeübt wird.

Versichert sind Tätigkeiten, die überwiegend dem Pflegebedürftigen zugute kommen, zum Beispiel:
- Körperpflege
- Nahrungszubereitung
- Mobilität in und außerhalb von Haus oder Wohnung
- Hauswirtschaftliche Versorgung wie Einkaufen, Kochen oder Reinigen der Wohnung
- Wegeunfälle, das heißt Unfälle auf dem Weg zum Ort der Pflegetätigkeit oder zurück
- Berufskrankheiten

Bei einem Unfall haben Pflegepersonen Anspruch auf:
- Heilbehandlung durch Ärzte, Zahnärzte oder im Krankenhaus
- Rehabilitationsmaßnahmen
- Geldleistungen, zum Beispiel:
  - Verletztengeld bei Verdienstausfall
  - Versichertenrente
  - Hinterbliebenenrente

Ein Unfall muss innerhalb von drei Tagen dem zuständigen Unfallversicherungsträger gemeldet werden.

Leistungen der Pflegekassen und Krankenkassen bei der häuslichen Betreuung

Derzeitige Leistungen der Pflegekassen und Krankenkassen bei der häuslichen Betreuung

durch pflegende Angehörige oder ambulante Pflegedienste und Sozialstationen:

Gebührenvereinbarung der Pflegekassen

- Die vier Säulen der Pflegeversicherung sind Pflege, Mobilität, Ernährung und Hauswirtschaft.

- Die Vergütungen der Pflegeleistungen sind im § 89 Sozialgesetzbuch XI vom 15.3.2001 geregelt. Es gelten folgende Grundsätze:

  - Organisiert ein Pflegebedürftiger seine Pflege ohne Hilfe eines zugelassenen ambulanten Dienstes selbst, erhält er von der Pflegekasse entsprechend seiner Einstufung ein Pflegegeld.

  - Wird ein ambulanter Pflegedienst eingesetzt, rechnet dieser seine Leistungen bis zu einer Obergrenze, die sich nach der Pflegestufe richtet, direkt mit der Pflegeversicherung ab. Wird der Höchstbetrag nicht ausgeschöpft, wird dem Pflegebedürftigen ein prozentualer Anteil als Geldleistung durch die Pflegekasse ausbezahlt.

  - Wird der Höchstbetrag der Pflegestufe überschritten, muss der Pflegebedürftige den Restbetrag selbst aufbringen oder das Sozialamt übernimmt diese Kosten.

- Die Pflegeversicherung stellt mit Pflegegeld und Sachleistungen eine Hilfe zur Grundversorgung sicher. Sie finanziert alle notwendigen und gewünschten Leistungen!

Höhe des Pflegegeldes und der Sachleistung pro Monat:

Pflegestufe	Pflegegeld für pflegende Angehörige	Sachleistungen bei Einsatz eines Pflegedienstes	Im Pflegeheim
1	205,00 Euro	384,00 Euro maximal	1023,00 Euro
2	410,00 Euro maximal	921,00 Euro	1279,00 Euro
3	665,00 Euro	1432,00 Euro maximal	1432,00 Euro
3 H	665,00 Euro	1918,00 Euro maximal	1688,00 Euro

Die ambulanten Pflegedienste

Die ambulanten Pflegedienste übernehmen auch die Verhinderungspflege, wenn pflegende Angehörige entlastet werden sollen oder wegen Krankheit, Urlaub oder aus anderen Gründen verhindert sind. Für diese Verhinderungspflege können zusätzlich zum monatlichen Pflegegeld jährlich bis zu 1432,00 Euro von der Pflegekasse beansprucht werden.

Gebühren für private Leistungen/ergänzende Leistungen

Alle Leistungen der Kranken- und Pflegekassen können auch privat bezogen werden. Darüber hinaus besteht die Möglichkeit, folgende ergänzende Leistungen in Anspruch zu nehmen.

Beratung

Leistungsumfang	**Beispiel**	**Preis**
Beratungsgespräch	Umgang mit Behörden, Anträge nach Bundessozialhilfegesetz	40,00 Euro je Stunde; Abrechnung je angefangene Viertelstunde

Besorgungen

Leistungsumfang	**Beispiel**	**Preis**
Botengänge	Post, Bank etc. durch Fachkräfte	40,00 Euro je Stunde; Abrechnung je angefangene Viertelstunde
Besorgung von Rezepten, Medikamenten	Im Auftrag der Patienten bei Ärzten, Apotheken	5,12 Euro je Einsatz
Besorgungen in Begleitung des Patienten		40,00 Euro je Stunde; Abrechnung je angefangene Viertelstunde

Betreuung

Leistungsumfang	Beispiel	Preis
Tag-/Nachtwache	z.B. Sterbebegleitung	40,00 Euro bei Fachkräften, max. 300,00 Euro pro Nacht (10 Std.) 25,00 Euro bei Hilfskräften je angefangene Stunde max. 300,00 Euro pro Nacht (10 Std.)
Betreuung bei Krankenhauseinweisungen, Begleitung zu Veranstaltungen	z.B. Vorbereitung Krankenhauseinweisung, Feierlichkeiten, Theater, Betreuung zu Hause	40,00 Euro je Stunde; Abrechnung je angefangene Viertelstunde

Zusätzliche Pflegeleistungen

Leistungsumfang	Preis
z. B. Injektionen, Einreibungen, Geh-/Bewegungsübungen, Verbände, Wickel, Blutdruckmessungen, Blutzuckermessungen, Einlauf, Fußbad, spezielle Haarpflege, Medikamentengabe, Inhalation, nach ärztlicher Verordnung	40,00 Euro je Stunde; Abrechnung je angefangene 10 Minuten

Hauswirtschaftliche Leistungen

Leistungsumfang	Beispiel	Preis
Hauswirtschaftliche Leistungen	Handwerkliche Dienste, kleine Reparaturen, Müllentsorgung, Gartenarbeit, Versorgung von Pflanzen und Tieren	25,00 Euro je Stunde, Abrechnung je angefangene 15 Minuten

Fahrtkosten bei zusätzlichen Leistungen

Für jeden Einsatz der privaten Leistungen fallen bis 3 km Entfernung zum Einsatzort 5,12 Euro und ab 3 km Entfernung zum Einsatzort 10,23 Euro Fahrtkostenpauschale an.

Stand: September 03

Gebührenvereinbarung der Krankenkassen

Die Behandlungspflege nach SGB V benötigt eine »Verordnung für häusliche Krankenpflege«. Diese muss vom Hausarzt ausgestellt sein und der Krankenkasse unverzüglich zur Entscheidung vorgelegt werden. Erst durch die Genehmigung ist die Kostenübernahme sichergestellt.

Die Leistungen können auf Wunsch auch bei Ablehnung der Kostenübernahme durch die Krankenkasse durchgeführt werden. Die Leistungen werden dann privat in Rechnung gestellt.

Die geriatrische Tagesklinik

Mit der Zunahme der alten Menschen, vor allem der Hochbetagten, nehmen in bisher nie gekanntem Ausmaße die Alterskrankheiten zu: die Demenz, die Alzheimer-Erkrankung, die Altersdepression. Heute rechnet man in der Bundesrepublik mit 900 000 bis 1 Million Alzheimer-Kranken, für 2020 lautet die Prognose 1,4 Millionen - eine große Herausforderung unserer Zeit. Ab 65 Jahren leiden circa 5% an Alzheimer, ungefähr 20% bei den über 80-Jährigen und 30 bis 40% bei den über 90-Jährigen.

Wenn heute immer mehr alte Menschen in eine **depressive Stimmungslage** geraten, so ist es wohl in erster Linie die Isolation, das Alleinsein, das ihnen die Lebensfreude nimmt. Darum ist auch der Anteil der depressiv Erkrankten bei Menschen, die zu Hause oder in der Familie leben, viel geringer als bei denjenigen, die in Altenpflegeheimen oder in Altenheimen leben.

Laufende Betreuung und Versorgung psychisch erkrankter Menschen ist für die Betreuer selbst eine nervenaufreibende und psychisch belastende Aufgabe. Wie froh sind sie oder wären sie, wenn sie sich oft nur einen Tag entspannen könnten, etwas für sich tun könnten.

Eine große Hilfe und Erleichterung ist die **geriatrische Tagesklinik**, wie man sie an vielen Orten - allerdings meist in Großstädten - aufgebaut hat. Vorbild dafür waren England und die Schweiz, wo man solche Tageskliniken schon vor Jahrzehnten aufgebaut hat. Sie sind meist an Sozialstationen oder Nervenkliniken angegliedert. Diese Tageskliniken betreuen, unterhalten und rehabilitieren einen Tag lang die Patienten und bieten ihnen damit auch Abwechslung und Freude. Problematisch ist allerdings das Hinbringen und Abholen der Patienten, das entweder mit Taxis, Spezialbussen oder Krankenfahrzeugen organisiert werden muss. Diese Problematik hat inzwischen schon wieder zur Auflösung von Tageskliniken geführt.

Seit 21. 8. 2002 ist die **Mitgabe der notwendigen Medikamente bei Entlassung aus dem Krankenhaus am Freitag und am Wochenende möglich** dank einer neuen Bestimmung im Apothekengesetz.

Viele alte, vor allem allein stehende alte Menschen haben beklagt, dass ihnen bei der Entlassung am Wochenende und freitags keine notwendigen Medikamente mitgegeben werden durften und sie somit über das Wochenende bis zur Verschreibung durch den Hausarzt darauf warten mussten. Das hat sich dankenswerterweise geändert.

In der Neufassung des Apothekengesetzes § 14 ApoG vom 21. 8. 2002 heißt es ausdrücklich: »Bei Entlassung von Personen nach stationärer oder ambulanter Behandlung im Krankenhaus darf die zur Überbrückung benötigte Menge an Arzneimitteln aus Beständen der Krankenhausapotheke mitgegeben werden, sofern im unmittelbaren Anschluss an die Behandlung ein Wochenende oder ein Feiertag folgt.«

Auf dem 96. Deutschen Ärztetag in Dresden vom 4. 5. bis 8. 5. 1993 hatte ich mich mit einem angenommenen Entschließungsantrag »Entlassung noch betreuungs-, versorgungs- oder pflegebedürftiger Patienten aus stationärer Krankenhausbehandlung zum Wochenende; Mitgabe von Medikamenten« dafür eingesetzt.

Diese Neuregelung ist eine große Hilfe für den Patienten und bewahrt ihn vor vorzeitiger Wiedereinweisung ins Krankenhaus.

9. Was bringt die Gesundheitsreform Neues?

Es war ein langer Weg, bis die Gesundheitsreform durch die Einigung von Regierung und Opposition zustande kam - ein langer Weg, der aber noch nicht zu Ende ist! Viele Schwierigkeiten verärgerten und erzürnten Patienten und Ärzte. Es wird Zeit brauchen, bis alles zur Ruhe kommt und auch Gewinn bringt - finanziell für die Krankenkassen -, aber noch wichtiger für den Patienten, den Kranken und Hilfsbedürftigen. Wir müssen uns alle bemühen, mit den neuen Bedingungen zu leben, aber dürfen nicht aufhören, uns dort einzusetzen, wo manche Bestimmungen gerade unsere ärmsten Mitbürger belasten - Schwerkranke und schwer chronisch Kranke, Obdachlose. Es wird noch Änderungen geben müssen!

Die wichtigsten Bestimmungen bei der ärztlichen und pflegerischen Versorgung ab 2004

Ab 2004 steht die Gesundheitsreform an. Hier die wichtigsten Änderungen für Patienten:

Praxisgebühr: Beim Arzt- oder Zahnarztbesuch ist der Arzt verpflichtet, 10 Euro pro Quartal vom Patienten einzuziehen. Lässt der Patient sich aber von Arzt A zu Arzt B überweisen, muss er bei B nicht noch einmal zahlen. Vorsorgeuntersuchungen beim Arzt und Kontrollbesuche beim Zahnarzt sind gebührenfrei.

Zuzahlungen: Jeder muss bei Arzneien und Hilfsmitteln (etwa Rollstühle) 10 Prozent zuzahlen – mindestens 5, höchstens 10 Euro. Für alle Zuzahlungen im Jahr gilt aber die Höchstgrenze von 2% des jährlichen Bruttoeinkommens, bei chronisch Kranken 1 Prozent. Umstritten ist noch, wer künftig als chronisch krank gilt.

Im Krankenhaus beträgt die Zuzahlung täglich 10 Euro für höchstens 28 Tage im Jahr. Für häusliche Heilmittel sind 10 Euro Praxisgebühr plus 10% der Kosten zu zahlen, für häusliche Krankenpflege 5 Euro pro Tag.

Streichungen: Die Kassen zahlen keine Taxifahrten mehr zur Arztpraxis. Gestrichen werden auch Sterbegeld, Sterilisation aus nicht-medizinischen Gründen und das Entbindungsgeld. Künstliche Befruchtung wird nur noch eingeschränkt bezahlt, eine Reihe rezeptfreier Medikamente gar nicht mehr.

Sehhilfen: Jeder muss Brille oder Kontaktlinsen künftig in Gänze selber zahlen. Die Kasse hilft nur Jugendlichen bis 18 und schwer Sehbehinderten.

Zahnersatz: Ab 2005 leistet die Kasse dafür nichts mehr. Dann ist eine Zusatz-Versicherung nötig - für 5 bis 7 Euro, bei gesetzlichen oder privaten Kassen. Kinder bleiben mitversichert.

Krankenkassen: Bei ihnen soll der Beitrag spürbar sinken. Einige Kassen haben dies bereits angekündigt. Unklar ist aber, ob der Durchschnittssatz wie von der Politik gewünscht von 14,3 auf 13,6% sinken wird - derzeit sieht es eher nicht danach aus. Zugleich steigen - wie jedes Jahr - die Höchstgrenzen in der Sozialversicherung.

Bonusprogramme: Die Kassen belohnen ab Januar 2004 gesundheitsbewusstes Verhalten mit Boni und Beitragsnachlässen. Verbraucherschützer raten: Warten Sie zunächst und vergleichen Sie die Programme, bevor Sie sich zur Teilnahme an einem entscheiden.

Nachbesserungen bei der Gesundheitsreform

Kaum sind 14 Tage vergangen, da melden die Zeitungen und Medien schon Änderungen. »Ärzte und Kassen bessern nach. Erleichterungen für chronisch Kranke und Behinderte«, SZ vom 16. 1. 2004. Ein schöner Zug und auch das Morgenrot-Leuchten einer sozialen Haltung und Einstellung in unserem Land!

Es wurden also **Erleichterungen für chronisch Kranke und Behinderte** beschlossen. So soll es eine Liste mit chronischen Erkrankungen geben, wie etwa Mukiviszidose, auf deren Grundlage die betroffenen Patienten weniger zuzahlen müssen. Auch wollen die Kassen dauerhafte Behandlungen von Kranken stärker berücksichtigen. Bestimmten Patientengruppen wollen die Krankenkassen die Fahrtkosten großzügiger erstatten. Dies soll nicht nur für Patienten gelten, die Dialyse- oder Strahlenbehandlung oder Chemotherapie erhalten, sondern auch für Geh- und Körperbehinderte. Außerdem wollen die Verbände die Regeln für Sozialhilfe-Empfänger in Heimen festlegen. Sie sollen monatlich maximal sechs Euro zuzahlen.

Die umstrittene Regelung, dass für die regelmäßige Verschreibung der Antibabypille keine Quartalsgebühr von 10 Euro zu zahlen ist, wurde so geändert, dass bei der Antibaby-Pille Jahresrezepte möglich sind, im Notfall soll der Patient nicht mehrfach die Praxisgebühr bezahlen.

Das werden nicht die letzten Regelungen sein. Halten Sie sich über die Bedingungen und Vorschriften auf dem Laufenden - Zeitungen und Medien werden sicher laufend darüber berichten.

Leistungen nach dem »Pflegeleistungs-Ergänzungsgesetz« für die Betreuung von Alzheimer-Kranken und psychisch Schwerkranken

Das Pflegeleistungs-Ergänzungsgesetz wurde entwickelt, um Pflegebedürftigen, die einen besonders hohen Bedarf an allgemeiner Betreuung und Beaufsichtigung haben, etwas mehr Unterstützung zu ermöglichen. Es richtet sich damit ausdrücklich an Demenzkranke, aber auch an Menschen mit geistigen Behinderungen oder psychiatrischen Erkrankungen. Das Gesetz soll eine Ergänzung zum Pflegeversicherungsgesetz sein und ist am 1. 1. 2002 in Kraft getreten.

Pflegebedürftige erhalten **maximal 460 Euro im Jahr zusätzlich zu ihren bisherigen Leistungen aus der Pflegeversicherung**. Da die Leistungen aus den bereits vorhandenen Mitteln der Pflegeversicherung finanziert werden, ist der Leistungsumfang relativ bescheiden.

Wer ist anspruchsberechtigt?

Anspruchsberechtigt sind pflegebedürftige bzw. demenzkranke Menschen,

1. die in eine der Pflegestufen 1–3 eingestuft sind,
2. die nicht dauerhaft in einer stationären Pflegeeinrichtung leben,
3. die mehrere nachweisbare Kriterien einer schweren psychiatrischen Erkrankung aufweisen.

Um Leistungen zu erhalten, muss zuvor ein Antrag bei der Pflegekasse gestellt werden!

Die Auszahlung der 460 Euro erfolgt erst nach Vorlage von Belegen oder schriftlichen Nachweisen über die Zahlung der Kosten. Das heißt, Sie müssen die Kosten zunächst selbst übernehmen.

Werden in einem Jahr die 460 Euro nicht ausgeschöpft, kann der Rest in das folgende Jahr übertragen werden.

Weitere Leistungen

Zusätzlich zu den 460 Euro im Jahr ermöglicht das Pflegeleistungs-Ergänzungsgesetz außerdem bei Pflegestufe 1 und 2 die Nutzung von **zwei Beratungseinsätzen durch Pflegedienste** pro Halbjahr und bei Pflegestufe 3 sogar zwei Beratungseinsätze im Vierteljahr.

Außerdem werden durch das Gesetz jährlich bundesweit 10 Millionen Euro für den Auf- und Ausbau von niedrigschwelligen Betreuungsangeboten und für Modellprojekte bereitgestellt. Projekte werden allerdings nur gefördert, wenn sie durch das jeweilige Bundesland in gleicher Höhe mitfinanziert werden.

Evangelische Gesellschaft Stuttgart e.V.
Alzheimer Beratungsstelle
Dienste für seelische Gesundheit
Büchsenstr. 34–36
70174 Stuttgart
Tel: 0711/20 54-374

Umdenken in der Pflegefinanzierung.

Nach den neuesten Nachrichten des Sozialministeriums (Ende Dezember 2003) wird die Pauschale für Betreuung in Heimen gesenkt und die Versorgung zu Hause finanziell gefördert werden. Das bedeutet eine **Gleichstellung der Entlohnung für ambulante und stationäre Pflege**.

Man will die ambulante Pflege aufwerten, indem man die Pflegeleistung im Heim und die häusliche Pflege gleichstellt - je 500 Euro Pflegestufe I, 1000 Euro Pflegestufe II und 1500 Euro Pflegestufe III. Altersverwirrte Menschen sollen eine Pflegestufe höher eingestuft werden. Damit ist auch ein Anreiz gegeben, dass Kinder und Verwandte und Angehörige Pflegebedürftige zu Hause versorgen und dafür eine ausreichende Entlohnung bekommen - einem Minijob gleichgestellt. Für den Pflegebedürftigen ist es meist, ja fast immer ein großes Glück, wenn er daheim bleiben darf und kann. Diese Entscheidung, dieser Schritt ist konsequent: Die häusliche Pflege wird gegenüber der stationären Pflege gestärkt!

Im Frühjahr 2004 wird über die Pflegereform verhandelt und man wird neue Gesetze dazu verabschieden.

Es werden neue Bestimmungen aufgenommen werden, z.B. dass im Einzelfall auch die Ersparnisse von Schwiegersöhnen und Schwiegertöchtern angegriffen werden können, um einen Heimplatz zu bezahlen. Bisher konnten nur Kinder und Enkel für den Unterhalt der Pflegebedürftigen herangezogen werden. Derzeit übernehmen die Sozialämter bei etwa 250 000 Heimbewohnern und damit bei etwa 40% der Schwerstpflegebedürftigen einen Teil der Pflegekosten.

Die neuen Regelungen werden hoffentlich mehr Pflege zu Hause bringen, denn leider belegen die Zahlen der Pflegestatistik, dass immer mehr Menschen im Heim und immer weniger in der eigenen Wohnung oder der ihrer Kinder gepflegt werden. Vor allem in der niedrigsten Pflegestufe, also bei allen, die nur teilweise fremde Hilfe benötigen, steigt die Zahl der Heimbewohner besonders stark an.

Ein Grund dafür sind die falschen ökonomischen Anreize: Wer im Heim lebt, dem zahlt die Pflegekasse in der untersten Pflegeklasse fast dreimal so viel wie dem, der von seinen Verwandten oder einem ambulanten Pflegedienst zu Hause betreut wird.

Die neuen Regelungen führen hin zu der Entscheidung »Ich bleib daheim!«, eine Entscheidung, die sowohl für den Einzelnen als auch für die ganze Gesellschaft von Vorteil ist.

10. Vorsorgen – solange man es selbst noch kann

Jeder von uns, vor allem der alte und hochbetagte Mensch, kann durch Unfall, Krankheit oder Alter in die Lage kommen, dass man wichtige Angelegenheiten seines Lebens nicht mehr selbstverantwortlich regeln kann. Für diesen Fall kann vorgesorgt werden durch Vorsorgevollmacht, Betreuungsverfügung, Patientenverfügung und Testament, auf die ich im Folgenden näher eingehen werde.

Wo man Verfügungen und Vollmachten aufbewahrt

Der Nutzen einer jeden Verfügung kann sich nur dann entfalten, wenn sie bei Bedarf zur Hand ist. Sinnvoll ist es, alle Vollmachten und Verfügungen zusammen in einem Ordner für persönliche Dokumente aufzubewahren, am besten unter Verschluss. Noch sicherer ist es, zusätzlich Durchschriften davon anzufertigen und dort, wo es Sinn macht, zu hinterlegen.

Die auf den folgenden Seiten abgedruckten Formulare entstammen der Veröffentlichung des Bayerischen Staatsministeriums für Justiz »Erbrecht. Gesetzliche Erbfolge. Testament.«, Februar 2003.

Die Vorsorgevollmacht

Damit kann jeder Bürger eine oder mehrere Personen seines Vertrauens mit der rechtlichen Wahrnehmung seiner Angelegenheiten betrauen. Die Vollmacht sollte schriftlich abgefasst sein, muss indes sonst keinen Formvorschriften genügen. Lediglich eventuelle Anweisungen zu Grundstücksverfügungen setzen die Mitwirkung eines Notars voraus. Ausdrücklich genannt werden müssen weit reichende Entscheidungen wie die Unterbringung in einem Heim, wenn der Bevollmächtigte darüber entscheiden muss. Selbst dann schaltet sich in diesen Fällen das Vormundschaftsgericht ein. Bevollmächtigte stehen ansonsten in der Regel nicht unter dessen Kontrolle.

Die Form der Vorsorgevollmacht empfiehlt sich nur, wenn Sie eine absolut vertrauenswürdige Person kennen. Die Vorsorgevollmacht ist geeignet, wenn Sie für den Zeitpunkt der eigenen Hilflosigkeit eine rechtswirksame Vertretung wünschen und wenn Sie grundsätzlich keine Kontrolle des Bevollmächtigten durch das Vormundschaftsgericht für notwendig halten.

Wenn die Vollmacht Verfügungen zu Immobilienwerten enthält, muss sie beim Notar beglaubigt werden. Der Familienanwalt sollte eine Durchschrift erhalten.

Eine solche Vorsorgevollmacht könnte wie folgt abgefasst sein:

Vollmachtgeber:
Anschrift:

Vorsorgevollmacht

Sollte ich infolge schwerer körperlicher oder psychischer Erkrankung in meiner Entscheidungsfähigkeit zeitweise oder dauerhaft eingeschränkt sein, sodass ich meine Angelegenheiten nicht mehr selbst regeln kann oder will, bevollmächtige ich … (vollständiger Name, genaue Anschrift), mich in folgenden Angelegenheiten zu vertreten und meine Rechte zu wahren. Ihre/seine Rechtshandlungen sollen dieselbe Wirksamkeit haben, wie wenn ich sie selbst ausführen würde.

Die Vollmacht berechtigt insbesondere zu …

Die Vollmacht gilt nur, wenn der/die Bevollmächtigte das Original dieser Vollmacht vorlegen kann. Der/die Bevollmächtigte kann im Einzelfall Untervollmacht erteilen.

Die Vollmacht und das ihr zugrunde liegende Auftragsverhältnis bleiben in Kraft, wenn ich geschäftsunfähig geworden sein sollte oder wenn ich nicht mehr lebe. Die Vollmacht ist stets widerruflich.

Ort, Datum, Unterschrift

Ich habe den Inhalt erneut überprüft und bestätige, dass dieser weiterhin mein Wille ist.

Ort, Datum, Unterschrift

VOLLMACHT

Ich, ... **(Vollmachtgeber/in)**
(Name, Vorname, Geburtsdatum)

....
(Adresse, Telefon, Telefax)

erteile hiermit Vollmacht an

....
(Name, Vorname)

.... **(Bevollmächtigte/r, Vertrauensperson)**
(Geburtsdatum)

....
(Adresse, Telefon, Telefax)

Diese Vertrauensperson wird hiermit bevollmächtigt,
mich in allen Angelegenheiten zu vertreten, die ich im Folgenden angekreuzt habe.

Die Vollmacht ist nur wirksam, solange der Bevollmächtigte die Vollmachtsurkunde besitzt und bei Vornahme eines Rechtsgeschäfts die Urkunde im Original vorlegen kann.

Gesundheitssorge / Pflegebedürftigkeit — Ja ☐ Nein ☐

- Sie darf in allen Angelegenheiten der Gesundheitssorge entscheiden, ebenso über alle Einzelheiten einer ambulanten oder (teil(-)stationären Pflege. Sofern ich eine Patientenverfügung erstellt habe, muss diese beachtet werden.
- Sie darf insbesondere in sämtliche Maßnahmen zur Untersuchung des Gesundheitszustandes und in Heilbehandlungen einwilligen, auch wenn ich an einer solchen Behandlung sterben könnte oder einen schweren und länger dauernden gesundheitlichen Schaden erleiden könnte (§ 1904 Abs.1 BGB). Sie darf die Einwilligung zum Unterlassen oder Beenden lebensverlängernder Maßnahmen erteilen.
- Sie darf Krankenunterlagen einsehen und deren Herausgabe an Dritte bewilligen. Ich entbinde alle mich behandelnden Ärzte und nichtärztliches Personal gegenüber meiner bevollmächtigten Vertrauensperson von der Schweigepflicht.
- Sie darf über meine Unterbringung mit freiheitsentziehender Wirkung (§ 1906 Abs.1 BGB) und über freiheitsentziehende Maßnahmen (z. B. Bettgitter, Medikamente u. ä.) in einem Heim oder in einer sonstigen Einrichtung (§ 1906 Abs. 4 BGB) entscheiden, solange dergleichen zu meinem Wohle erforderlich ist.

Aufenthalt und Wohnungsangelegenheiten — Ja ☐ Nein ☐

- Sie darf meinen Aufenthalt bestimmen, Rechte und Pflichten aus dem Mietvertrag über meine Wohnung einschließlich einer Kündigung wahrnehmen sowie meinen Haushalt auflösen.

VOLLMACHT – Seite 2

Post und Fernmeldeverkehr — Ja ☐ Nein ☐

- Sie darf die für mich bestimmte Post entgegennehmen und öffnen sowie über den Fernmeldeverkehr entscheiden. Sie darf alle hiermit zusammenhängenden Willenserklärungen (z. B. Vertragsabschlüsse, Kündigungen) abgeben.

Behörden — Ja ☐ Nein ☐

- Sie darf mich bei Behörden, Versicherungen, Renten- und Sozialleistungsträgern vertreten.

Vermögenssorge — Ja ☐ Nein ☐

- Sie darf mein Vermögen verwalten und hierbei alle Rechtshandlungen und Rechtsgeschäfte im In- und Ausland vornehmen, Erklärungen aller Art abgeben und entgegennehmen sowie Anträge stellen, abändern, zurücknehmen, namentlich
  - über Vermögensgegenstände jeder Art verfügen
  - die Rechte und Pflichten aus dem Mietvertrag über meine Wohnung wahrnehmen
  - Zahlungen und Wertgegenstände annehmen
  - Verbindlichkeiten eingehen
  - mich gegenüber Gerichten vertreten sowie Prozesshandlungen aller Art vornehmen
  - Willenserklärungen bezüglich meiner Konten, Depots und Safes abgeben. Sie darf mich im Geschäftsverkehr mit Kreditinstituten vertreten.

**(Achtung: Kreditinstitute verlangen i.d.R. eine Vollmacht auf bankeigenen Vordrucken!
Für Immobiliengeschäfte sowie für Handelsgewerbe ist eine notarielle Vollmacht erforderlich!)**

Betreuungsverfügung — Ja ☐ Nein ☐

- Falls trotz dieser Vollmacht eine gesetzliche Vertretung („rechtliche Betreuung") erforderlich sein sollte, bitte ich, die oben bezeichnete Vertrauensperson als Betreuer zu bestellen.

....

(Ort, Datum) (Unterschrift des Vollmachtgebers/der Vollmachtgeberin)

....

(Ort, Datum) (Unterschrift des Vollmachtnehmers/der Vollmachtnehmerin)

(aus: „Vorsorge für Unfall, Krankheit und Alter". Eine Information des Bayerischen Staatsministeriums der Justiz)

Die Betreuungsverfügung

Steht niemand zur Verfügung, dem man eine Vollmacht anvertrauen will, kommt die Festlegung einer Betreuungsverfügung in Frage. Damit nimmt man Einfluss auf die Auswahl eines späteren Betreuers und auf dessen späteres Handeln. In einer Betreuungsverfügung können außer den gewünschten Personen etwa Vermögensangelegenheiten, persönliche Dinge, Wohnungs- und Heimfragen geregelt werden. Betreuer bestellt das Vormundschaftsgericht.

Die Betreuungsverfügung empfiehlt sich, wenn Sie niemanden kennen, dem Sie eine Vorsorgevollmacht für den Fall der späteren Hilflosigkeit erteilen möchten.

Das Vormundschaftsgericht bestellt die von Ihnen benannte Person zum Betreuer und kontrolliert dessen Handlungen. Die Betreuungsverfügung ist auch geeignet, wenn Sie festlegen wollen, wie Ihr Leben von einem professionellen Betreuer gestaltet werden soll. Der Betreuer ist gesetzlich verpflichtet, sich nach Ihren Wünschen zu richten, sofern Ihnen diese nicht erheblich schaden.

Das Bayerische Staatsministerium für Justiz klärt in einer Veröffentlichung vom Februar 2003 »Vorsorge für Unfall, Krankheit und Alter« auf:

»Aber ich habe doch Angehörige! Mein Ehepartner

BETREUUNGSVERFÜGUNG

Ich, ...
(Name, Vorname, Geburtsdatum)

....
(Adresse, Telefon, Telefax)

lege hiermit für den Fall, dass ich infolge Krankheit, Behinderung oder Unfall meine Angelegenheiten teilweise oder ganz nicht mehr selbst besorgen kann und deshalb ein Betreuer als gesetzlicher Vertreter für mich bestellt werden muss, folgendes fest:

Als Person, die mich betreuen soll, schlage ich vor:

Name: ....
Geburtsdatum: ....
Straße: ....
Wohnort: ....

oder, falls diese nicht zum Betreuer bestellt werden kann:

Name: ....
Geburtsdatum: ....
Straße: ....
Wohnort: ....

Auf keinen Fall zur Betreuerin/zum Betreuer bestellt werden soll:

Name: ....
Geburtsdatum: ....
Straße: ....
Wohnort: ....

Zur Wahrnehmung meiner Angelegenheiten durch den Betreuer habe ich folgende Wünsche:

1. Ich habe meine Einstellung zu Krankheit und Sterben in der beigefügten Patientenverfügung niedergelegt. Diese soll der Betreuer beachten.

2. ....

3. ....

....
(Ort, Datum) (Unterschrift)

(aus: „Vorsorge für Unfall, Krankheit und Alter". Eine Information des Bayerischen Staatsministeriums der Justiz)

oder meine Kinder werden sich doch darum kümmern?

Natürlich werden Ihre Angehörigen Ihnen - hoffentlich - im Ernstfall beistehen. **Wenn aber rechtsverbindliche Erklärungen oder Entscheidungen gefordert sind, dürfen Ehegatte oder Kinder Sie nicht gesetzlich vertreten.** In unserem Recht haben nur Eltern gegenüber ihren minderjährigen Kindern ein umfassendes Sorgerecht und damit die Befugnis zur Entscheidung und Vertretung in allen Angelegenheiten. Für einen Volljährigen können hingegen Angehörige nur in zwei Fällen entscheiden oder Erklärungen abgeben: Entweder aufgrund einer rechtsgeschäftlichen Vollmacht oder wenn sie gerichtlich bestellter Betreuer sind.«

Die Person des Vertrauens, die als Betreuer eingesetzt wird, muss eine Kopie der Vollmacht haben. Man kann diese Vollmacht auch beim Amtsgericht hinterlegen.

Die Patientenverfügung

In einer Patientenverfügung kann man schließlich im Voraus für den Fall der eigenen Entscheidungsunfähigkeit seinen Willen im Hinblick auf Art und Weise einer ärztlichen Behandlung niederlegen.

Mit der Patientenverfügung erklären Sie schriftlich dem behandelnden Arzt gegenüber Ihren Willen bezüglich jeglicher medizinischer Behandlung für den Fall, dass Sie sich nicht mehr entsprechend äußern können. In diesem Fall benennen Sie keinen Vertreter, sondern es geht nur darum, Ihren Willen durchzusetzen.

Es empfiehlt sich daher, die Patientenverfügung mit einer Vorsorgevollmacht oder Betreuungsverfügung zu kombinieren, indem Sie in diesen Dokumenten auf Ihre Patientenverfügung hinweisen und Ihren Bevollmächtigten oder Betreuer beauftragen, Sie auch in dieser Hinsicht rechtswirksam zu vertreten.

Die Unterlagen zur Patientenverfügung stammen von der Betreuungsstelle des Sozialreferates der Landeshauptstadt München.

Vergessen Sie bei all diesen Dokumenten nicht die Angabe des Datums und Ihre eigenhändige Unterschrift. Es ist ratsam, die Dokumente von einem Arzt mit einem Stempel versehen zu lassen, der bestätigt, dass Sie zum Zeitpunkt der Ausstellung im Zustand geistiger Zurechnungsfähigkeit waren. Nicht selten bestreiten die Erben, dass der Verfasser zu dem Zeitpunkt noch zurechnungsfähig war.

Ihr Hausarzt sollte auf alle Fälle eine Abschrift der Patientenverfügung haben. Legen Sie eine weitere Kopie zu Ihren persönlichen Unterlagen. Wenn Sie akut erkrankt sind, können Sie eine Kopie in Ihr Nachtkästchen legen. Auf jeden Fall sollte auch eine Person Ihres Vertrauens eine Kopie haben.

PATIENTENVERFÜGUNG

Für den Fall, dass ich, ...

geboren am: ....

wohnhaft in: ....

meinen Willen nicht mehr bilden oder verständlich äußern kann, bestimme ich folgendes:

(Zutreffendes habe ich hier angekreuzt bzw. unten beigefügt)

1. Situationen, für die diese Verfügung gilt:

- Wenn ich mich aller Wahrscheinlichkeit nach unabwendbar im unmittelbaren Sterbeprozess befinde. ☐
- Wenn in Folge einer Gehirnschädigung meine Fähigkeit, Einsichten zu gewinnen, Entscheidungen zu treffen und mit anderen Menschen in Kontakt zu treten, nach Einschätzung zweier erfahrener Ärzte aller Wahrscheinlichkeit nach unwiederbringlich erloschen ist, selbst wenn der Tod noch nicht absehbar ist. Dies gilt für direkte Gehirnschädigung z. B. durch Unfall, Schlaganfall, Entzündung oder fortgeschrittenen Hirnabbauprozess ebenso wie für indirekte Gehirnschädigung z. B. nach Wiederbelebung, Schock oder Lungenversagen. Es ist mir bewusst, dass in solchen Situationen die Fähigkeit zu Empfindungen erhalten sein kann und dass ein Aufwachen aus diesem Zustand nicht ganz sicher auszuschließen, aber äußerst unwahrscheinlich ist. ☐
- ....

Vergleichbare, hier nicht ausdrücklich erwähnte Krankheitszustände sollen entsprechend beurteilt werden. Für andere Situationen erwarte ich ärztlichen und pflegerischen Beistand unter Ausschöpfung aller angemessenen medizinischen Möglichkeiten.

2. In allen unter Punkt 1 beschriebenen und angekreuzten Situationen verlange ich:

- Lindernde pflegerische Maßnahmen, insbesondere Mundpflege zur Vermeidung des Durstgefühls sowie lindernde ärztliche Maßnahmen, im speziellen Medikamente zur wirksamen Bekämpfung von Schmerzen, Luftnot, Angst, Unruhe, Erbrechen und anderen Krankheitserscheinungen. Die Möglichkeit einer Verkürzung meiner Lebenszeit durch diese Maßnahmen nehme ich in Kauf. ☐
- Ich wünsche eine Begleitung

  ☐ durch Hospizdienst ....

  ☐ durch Seelsorge ....

  ☐ durch ....

  ....
  (für persönliche Wünsche und Anmerkungen)

(aus: „Vorsorge für Unfall, Krankheit und Alter". Eine Information des Bayerischen Staatsministeriums der Justiz)

PATIENTENVERFÜGUNG – Seite 2

3. In den unter Punkt 1 beschriebenen und angekreuzten Situationen wünsche ich:

- Die Unterlassung lebensverlängernder oder lebenserhaltender Maßnahmen, die nur den Todeseintritt verzögern und dadurch mögliches Leiden unnötig verlängern würden. ☐
- Keine Wiederbelebungsmaßnahmen ☐

4. In den von mir unter Punkt 1 beschriebenen und angekreuzten Situationen, insbesondere in den Situationen, in denen der Tod nicht unmittelbar bevorsteht, wünsche ich sterben zu dürfen, und verlange:

- Keine künstliche Ernährung (weder über eine Magensonde durch den Mund, die Nase oder die Bauchdecke noch über die Vene) ☐
- Verminderte Flüssigkeitsgabe nach ärztlichem Ermessen ☐

Die Befolgung dieser Wünsche ist nach geltendem Recht keine aktive Sterbehilfe.

- Ich habe zusätzlich zur Patientenverfügung eine Vorsorgevollmacht erteilt und den Inhalt dieser Patientenverfügung mit der von mir bevollmächtigten Person besprochen. Ja ☐ Nein ☐

Bevollmächtigte(r)

Name: ....

Anschrift: ....

Telefon: .... Telefax: ....

Ich habe anstelle einer Vollmacht ausschließlich eine Betreuungsverfügung erstellt. Ja ☐ Nein ☐

Sofern dieser Patientenverfügung Erläuterungen zu meinen Wertvorstellungen, u.a. meiner Bereitschaft zur Organspende („Organspendeausweis"), meinen Vorstellungen zur Wiederbelebung (z. B. bei akutem Herzstillstand) oder Angaben zu bestehenden Krankheiten beigefügt sind, sollen sie als erklärender Bestandteil dieser Verfügung angesehen werden.

Ich habe diese Verfügung nach sorgfältiger Überlegung erstellt. Sie ist Ausdruck meines Selbstbestimmungsrechts. Darum wünsche ich nicht, dass mir in der konkreten Situation der Nichtentscheidungsfähigkeit eine Änderung meines Willens unterstellt wird, solange ich diesen nicht ausdrücklich (schriftlich oder nachweislich mündlich) widerrufen habe.

Ich weiß, dass ich die Patientenverfügung jederzeit abändern oder insgesamt widerrufen kann.

....

Ort, Datum Unterschrift

(aus: „Vorsorge für Unfall, Krankheit und Alter". Eine Information des Bayerischen Staatsministeriums der Justiz)

PATIENTENVERFÜGUNG – Seite 3

Es empfiehlt sich, diese Verfügung regelmäßig (z. B. alle ein bis zwei Jahre) durch Unterschrift zu bestätigen. Eine erneute Unterschrift bzw. eine Überarbeitung ist sinnvoll, wenn eine Änderung der persönlichen Lebensumstände eintritt. Eine ärztliche Beratung ist empfehlenswert, aber nicht verpflichtend.

Ort	Datum	Unterschrift

Arzt/Ärztin meines Vertrauens:

Name: Anschrift: Telefon:

....

....

....

Bei der Festlegung meiner Patientenverfügung habe ich mich beraten lassen von*

....

Name Anschrift Telefon

* (Eine ärztliche oder juristische Beratung vor dem Abfassen einer Patientenverfügung ist rechtlich nicht vorgeschrieben. Eine stattgefundenes Beratungsgespräch kann aber unterstreichen, dass Sie Ihre Wünsche ernsthaft und im Bewusstsein ihrer Bedeutung zum Ausdruck gebracht haben.)

(aus: „Vorsorge für Unfall, Krankheit und Alter". Eine Information des Bayerischen Staatsministeriums der Justiz)

44

MEINE WERTVORSTELLUNGEN

– Ergänzende Erläuterungen zu meiner Patientenverfügung –

(aus: „Vorsorge für Unfall, Krankheit und Alter" Eine Information des Bayerischen Staatsministeriums der Justiz)

Das Testament – Ihr letzter Wille

Schreiben Sie auch rechtzeitig Ihr Testament - wohl überlegt. Es muss mit dem Datum versehen sein, handschriftlich geschrieben sein und Ihre Unterschrift tragen.

Befassen Sie sich frühzeitig mit der Verfassung Ihres »letzten Willens«. Kein Mensch kennt Tag und Stunde seines Heimganges. Sorgen Sie dafür, dass Ihr eigenhändig geschaffener Besitz auch nach Ihrem Tode in die richtigen Hände gelangt - die Erben werden ja meist Ihre Kinder und Enkel sein.

Sie müssen sich informieren über gesetzliche Erbfolge, Pflichtteilrecht und rechtliche Inhalte einer letztwilligen Verfügung, Erbschaftssteuer usw. Holen Sie sich einen der vielen Ratgeber über Erben und Vererben und beachten Sie auch die Grafik auf S. 172.

Sie sollten Ihr Testament gut und sicher aufbewahren. Eine Abschrift sollten Ihre im Testament bedachten Erben erhalten, eine weitere Abschrift können Sie sicherheitshalber bei einem Notar hinterlegen.

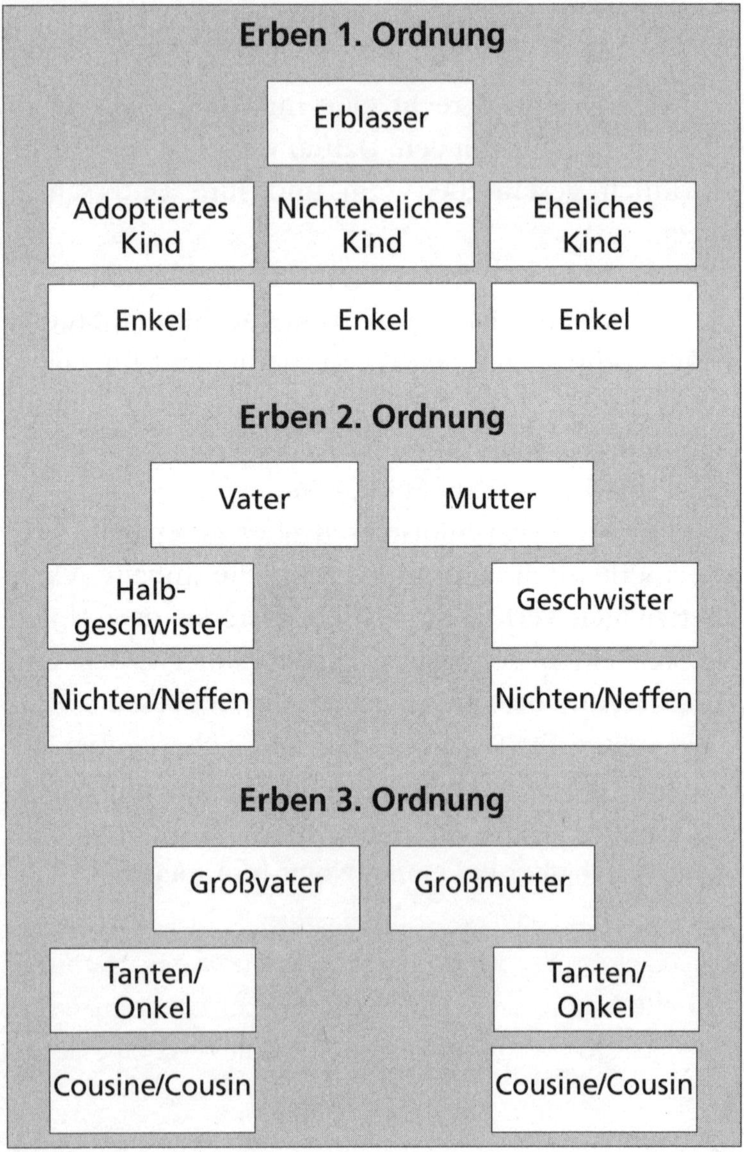
Erben 1. Ordnung
Erblasser
Adoptiertes Kind
Nichteheliches Kind
Eheliches Kind
Enkel
Enkel
Enkel
Erben 2. Ordnung
Vater
Mutter
Halb-geschwister
Geschwister
Nichten/Neffen
Nichten/Neffen
Erben 3. Ordnung
Großvater
Großmutter
Tanten/Onkel
Tanten/Onkel
Cousine/Cousin
Cousine/Cousin

11. Wann muss man den Weg ins Alten- oder Pflegeheim gehen?

Aus Umfragen weiß man, dass die Senioren überall in Europa so lange wie irgendwie möglich in ihren eigenen vier Wänden leben möchten. 85% von ihnen lehnen den Umzug in ein Alten- oder Pfegeheim kategorisch ab - wenn sie frei entscheiden können. Tatsache ist, dass in Deutschland derzeit nur etwa 4% aller Senioren/innen in der stationären Altenpflege versorgt werden - überwiegend Frauen.

Allerdings wird die Betreuung in der Familie zunehmend schwierig, da die Großfamilie alter Prägung längst überlebt ist und der Einpersonenhaushalt weitgehend zunimmt. Auch durch Zunahme der Scheidungszahlen in den Altehen wird die Familienbetreuung immer schwieriger. In Zukunft wird der alte Mensch bzw. das alte Ehepaar auf sich selbst angewiesen sein. Sie müssen sich ihr Heim so gestalten und umbauen, dass sie darin bis zum Lebensende leben können - auch mit Hilfe der häuslichen Pflegekräfte.

Gründe für den Gang ins Alten- oder Pflegeheim

Wo hat das Leben im eigenen Heim seine Grenzen? Wann ist der Weg ins Alten- oder Pflegeheim eine Notwendigkeit?

Eine Notwendigkeit ergibt sich dann, **wenn eine allein stehende Person in ihrer Wohnung nicht mehr ausreichend versorgt werden kann**, wenn sie hinfällig wird, nicht mehr aufstehen kann, nicht mehr kochen kann, wenn die Anwesenheit der Hilfskräfte dreimal täglich - etwa bei Pflegestufe II - nicht mehr genügt und eine Pflege rund um die Uhr unvermeidbar ist. Dazu fehlt es meist an Pflegekräften. Viele gehen dann von selbst gern ins Pflegeheim - sie fühlen sich in der Gemeinschaft sicherer und aufgehobener.

Auch eine Überforderung der Familie kann ein Grund zur Heimaufnahme sein. Die häusliche Pflege hat ihre Grenzen, vor allem wenn schwere und lang andauernde Pflege die pflegenden Angehörigen überlastet und krank macht. Nicht selten sind pflegende Angehörige nach dem Tode ihres Familienmitgliedes selbst körperlich und seelisch am Ende und pflegebedürftig.

Untersuchungen belegen, dass 50% aller Pflegepersonen ihren Urlaub nicht ohne Einschränkung durchführen können und 37% Beeinträchtigungen der eigenen Gesundheit durch die Pflege in Kauf nehmen müssen. Umso größer ist die Verantwortung des Hausarztes bei der Feststellung, wann durch die Zunahme der Schwerpflegebedürftigkeit des Patienten und die Erschöpfung der Angehörigen eine Aufnahme ins Krankenhaus oder ins Pflegeheim notwendig wird.

Sträuben Sie sich nicht, wenn der Hausarzt oder die mitpflegenden Schwestern oder Altenpfleger dazu raten. Wenn Ihnen eine endgültige Verlegung Ihres Angehörigen in das Pflegeheim widerstrebt, so bemühen Sie sich doch für ihn um einen »**Pflege auf Zeit**«-Platz und gehen Sie in dieser Zeit selbst in Erholung oder auf Kur. Sie sind dann wieder froher und leistungsfähiger.

Eine dritte Notwendigkeit, die Pflege zu Hause aufzugeben und eine Aufnahme in einem Pflegeheim anzustreben, ergibt sich bei einer schweren **Alzheimer-Erkrankung** – vor allem im Endstadium –, die mit totalen Verwirrtheitszuständen, Aggressivität und Weglauf-Tendenz einhergeht.

Ältere Pflegende werden dadurch vollkommen überfordert und sind durch die unüberlegten und bewusstseinsfernen Handlungen ihres Angehörigen oft auch selbst gefährdet. Im Anfangsstadium der Alzheimer-Erkrankung ist es oft sehr hilfreich, den Kranken mit einfachen Dingen zu beschäftigen, wie Gemüse putzen, aufkehren, Wäsche falten. Auch die Haltung von Tieren kann das ganze Glück eines Alzheimer-Kranken sein.

Die Situation in **Altenheimen und Pflegeheimen** hat sich weitgehend geändert. Vor 50 Jahren etwa ging eine Witwe, die keine Kinder hatte oder deren Kinder weit weg wohnten, mit 75, 80 Jahren ins Altenheim. Sie konnte ihre Möbel mitnehmen, kochte sich auch anfangs noch selbst. Zwar existiert diese Form noch weiter, aber in immer geringerem Maße. Die Alten-Pflegeheime waren früher oft mit fast 60 bis 70% alter, aber noch einigermaßen rüstiger Bewohner belegt. Heute hat sich das im Regelfall gänzlich gewandelt. Die Alten- und Pflegeheime werden zum großen Teil für Pflegefälle umgebaut und umgewandelt. Und heute gibt es meist so viele Pflegeplätze wie es früher Altenheimplätze gab.

In manchen Alten-Pflegeheimen liegt heute das Eintrittsalter weit über 85 - beim Caritas-Verband in München bei 86 -, die durchschnittliche Aufenthaltsdauer im Heim liegt bei neun Monaten - ein Zeichen dafür, dass nur schwer erkrankte Menschen ins Alten-Pflegeheim kommen.

Alternativen zu eigener Wohnung und Pflegeheim

Es gibt heute zahlreiche Alternativen zu eigener Wohnung und zum Pflegeheim. Sie lassen den alten Menschen nicht allein, aber doch selbstverantwortlich leben.

Mehr und mehr hört man vereinzelt von **Altenwohnungen**. Unter Leitung eines Verbandes oder einer religiösen Organisation oder durch Privatinitiative von Senioren, die sich kennen gelernt haben, übernehmen alte Menschen verschiedener Altersstufen gemeinsam eine große Wohnung. Sie kochen sich selbst, wer noch rüstig ist, kauft ein und ist einer krank, wird er von seinen Mitbewohnern gepflegt. Eine schöne Gemeinschaft - vor allem, wenn Harmonie und gegenseitiges Verständnis herrschen.

Großen Anklang finden sowohl in Landgemeinden als auch in Großstädten die **Einrichtungen des Betreuten Wohnens**. Viele alte Menschen, die zu Hause nicht mehr zurechtkommen oder sich dort zu einsam fühlen, wählen den Weg des Betreuten Wohnens: Man lebt hier mit anderen alten Menschen zusammen, ist aber doch sein eigener Herr, kann versorgt und im Notfall gepflegt werden.

Es gibt viele wirtschaftlich orientierte Unternehmen, aber auch Wohlfahrtsverbände, die betreute Wohngemeinschaften aufbauen. Man sollte jedoch darauf achten, dass bei den Gründern die wirtschaftlichen Interessen nicht die sozialen in den Hintergrund drängen. Der Vorteil liegt aber wohl immer darin, dass die Wohnungen und das Haus altengerecht und barrierefrei gebaut sind. Sinnvoll und letztendlich entscheidend ist, dass im Hause eine Pflegemöglichkeit geboten wird, vor allem bei schwerer Pflegebedürftigkeit. Nicht selten ist der Gründer ein Wohlfahrtsverband, z. B. das Deutsche Rote Kreuz, der hier gleichzeitig seine Pflegestation im Hause hat und so für die geeignete Pflege bürgen kann.

Das Alten-Pflegeheim

In allen größeren Landgemeinden, den Städten und Großstädten gibt es die Alten-Pflegeheime für den alten, hinfälligen oder schwer kranken Menschen. Die Gründung vieler dieser Heime geht weit ins Mittelalter und früher zurück, viele sind Stiftungen von reichen Bürgern oder Herrscherfamilien. Sie hatten und haben ganz verschiedene Gesichter. Ich erinnere mich an das Hl.-Geist-Spital in Lübeck, wo in einem großen Saal durch Holzwände abgegrenzte kleine Zimmer entstanden, mit einem Bett und einer Kommode - so lebte man selbstständig, aber doch gemeinsam.

Wie bereits erwähnt ist heute die Zahl der Wohngemeinschaften mit eigenem Zimmer weitgehend zurückgegangen und man findet inzwischen häufiger den kleinen oder größeren Pflegesaal oder das Pflegedoppel- oder -einzelzimmer. Die Bewohner sind alle schwer kranke Menschen, die an den Folgen von Schlaganfällen, Knochenbrüchen, Herzkrankheiten und zunehmend an psychischen und psychiatrischen Erkrankungen leiden.

Mangelhafte Pflegesituation

Nicht selten bringen Zeitungen und Zeitschriften ausführliche Meldungen über **Missstände in den Pflegeheimen**. Beispiele von menschenunwürdiger Behandlung, Misshandlungen, Freiheitsentzug und Todesfällen durch mangelhafte Fürsorge werden beschrieben. Ein Schreckensbild für den, der vorhat, in ein Pflegeheim umzuziehen, oder der umziehen muss – und ein beschämendes und entwürdigendes Bild für alle, die sich Altenpfleger und Altenpflegerin nennen. Häufig jedoch besteht die alleinige Ursache in der Überforderung des Personals, im Mangel an Kräften für den Nachtdienst usw.

Personalmangel in der Altenpflege

Fehlendes Personal ist die Hauptursache von Mängeln. Schon heute besteht ein gravierender Personalmangel in der Altenpflege. Wie soll es erst in den nächsten Jahren werden bei der steigenden Zahl von Hochbetagten, die Pflege benötigen?

Nach einer repräsentativen Befragung zur Pflegesituation in Deutschland (»Pflegethermometer« 2002) des Deutschen Instituts für angewandte Pflegeforschung (dip) wird geschätzt, dass deutschlandweit bereits aktuell ca. 30 000 Stellen in Altenheimen und ambulanten Pflegediensten nicht besetzt sind und diese Situation sich in den kommenden 5 Jahren noch verschärfen wird.

Da nimmt es nicht wunder, dass die überwiegende Mehrheit der Altenpflegerinnen und Altenpfleger betroffen sind, die für ihre körperlich und psychisch aufreibende Tätigkeit oft nur Undank ernten und in der Presse und öffentlichen Meinung herabgewürdigt werden. Kein Wunder, dass drei Viertel der Pflegekräfte nach fünf Jahren ihre Stelle aufgeben und sich einem anderen Beruf zuwenden.

Wir müssen neue Wege gehen: Wir müssen uns für die Anerkennung der harten Arbeit der Altenpfleger/innen einsetzen, mehr finanzielle Entschädigung, mehr menschliches Ansehen und Unterstützung für sie fordern.

Es ist ein Aufschrei, wenn am Mittwoch, dem 14. Januar 2004, die »Abendzeitung« unter der Überschrift »Pflege – der tägliche Wahnsinn« die Lage der Pflegekräfte beschreibt: »Die Stimmung unter den Pflegekräften ist aufgeheizt. Viele sind verzweifelt und weigern sich, eine Qualität zu dokumentieren, die unter den gegebenen Rahmenbedingungen nicht zu leisten ist.«

Wir müssen ihnen helfen und sie unterstützen und ihnen auch für ihre bisherige nerven- und körperaufreibende Arbeit danken!

Seniorenvertretung des 19. Stadtbezirks
Thalkirchen - Obersendling - Forstenried - Fürstenried - Solln
Sprecher: Seniorenbeirat Dr. Dr. Erich Grassl

Dr. Dr. Erich Grassl

Antrag zur Sitzung am 20. Januar 2004

Verbesserung der Situation der Pflegekräfte

Der Seniorenbeirat der Landeshauptstadt München dankt den vielen hauptamtlichen Pflegekräften in den Pflegeheimen und ambulanten Pflegediensten für ihre aufopfernde Arbeit an pflegebedürftigen alten Menschen. Der Stress am Krankenbett und in der Pflege wächst von Jahr zu Jahr. Die Folge: ein Drittel der Pflegekräfte war im vergangenen Jahr längerfristig krank, wesentlich häufiger und mehr als ein Jahr zuvor. Es fehlen in den Krankenhäusern 10.000 Fachkräfte, in den Altenheimen 20.000 Pflegefachkräfte. Die Pflegefachkräfte erbringen Jahr für Jahr circa 9 Millionen Überstunden („Deutsches Ärzteblatt" vom 17. Oktober 2003). Viele Pflegeheime in München müssen wegen Pflegekräftemangel ihre Pflegebetten verringern. Für Fehler in der Pflege werden zu leicht die Pfleger verantwortlich und haftbar gemacht – statt deren physische und psychische Überlastung, Überforderung und Erschöpfung.

Der Seniorenbeirat ersucht dringend, den Pflegekräftemangel zu verbessern, den Pflegekräften mehr Freiraum zu geben, sie durch Gymnastik und Rückenschule zu entspannen, sie gerechter zu entlohnen und ihren Ruf in der Gesellschaft zu verbessern! Dann werden auch viele beständiger im Beruf bleiben und ihn nicht oft schon nach einigen Jahren aufgeben.

Besonderen Dank den vielen ehrenamtlichen Helfern und Mithelfern aus den Nachbarschaftshilfen, Kirchengemeinden, Sozialorganisationen, die viel Freude und Hilfe bringen!

Nachrichtlich: OB Christian Ude, Stadtrats-Fraktionen, Sozialreferat Gesundheitsreferat, Wohlfahrtsverbände, Pflege-Stammtisch

- Die Presse -

Einstimmig angenommen

Abmahnung durch die UN und den Medizinischen Dienst

Anfang September 2002 erreichte die Bundesregierung überraschend ein **Bericht der United Nations »Komitee für wirtschaftliche, soziale und kulturelle Rechte«** vom 31.August 2001. Er ging in der Presse und der Beachtung der Politiker durch den Terroranschlag in den USA vom 11. September 2002 ziemlich unter.

Es heißt dort unter »E. Vorschläge und Empfehlungen«:

»24. Das Komitee gibt einer großen Sorge Ausdruck über die menschenunwürdigen (inhumanen) Bedingungen in Pflegeheimen, infolge von strukturellen Mängeln (Schwächen) im Pflegebereich, wie dies im Medizinischen Dienst (den Medizinischen Diensten) der Krankenkassen (MDS) bestätigt worden ist.«

»42. Des Weiteren drängt das Komitee die Bundesregierung, dringende Maßnahmen zu ergreifen, um die Situation der Patienten in den Pflegeheimen zu verbessern.«

»48. Das Komitee bittet die Bundesrepublik, für die weitere Verbreitung seiner abschließenden Betrachtungen in allen gesellschaftlichen Schichten (Ebenen) zu sorgen und das Komitee in ihrem nächsten periodischen Bericht über alle unternommenen Schritte zu informieren. Das Komitee ermutigt auch die Bundesrepublik damit fortzufahren, Nicht-Regierungsorganisationen und andere Mitglieder der bürgerlichen

Gesellschaft an der Vorbereitung ihres fünften periodischen Berichts zu beteiligen.

49. Abschließend bittet das Komitee die Bundesrepublik, ihren fünften periodischen Bericht (Staatenbericht) bis zum 30. Juni 2006 einzureichen, einschließlich detaillierter Informationen bezüglich der unternommenen Schritte zur Umsetzung der Empfehlungen, die in den jetzigen (aktuellen) ›Abschließenden Betrachtungen‹ des Komitees enthalten sind.«

In dem **Bericht der UN** heißt es:

»2) Häufige Pflegedefizite bestehen

- im Bereich der Ernährungs- und Flüssigkeitsversorgung
- beim Umgang mit Medikamenten
- bei der Inkontinenzversorgung
- in der Dekubitus (Wundliegen)-Prophylaxe und -therapie

3) Angesichts dieser Befunde ergibt sich die dringende Notwendigkeit, die Qualitätssicherung zu intensivieren. Die Medizinischen Dienste stimmen mit der Bundesregierung, den Pflegekassen und den Leistungserbringern darin überein, ›dass im Mittelpunkt aller Qualitätsaktivitäten die Verpflichtung der Pflegeeinrichtungen zur internen Qualitätssicherung stehen muss‹.«

Dem Bericht angegliedert ist eine **Stellungnahme des Medizinischen Dienstes der Spitzenverbände**

der Krankenversicherung zur gemeinsamen Anhörung des Gesundheitsausschusses und des Ausschusses für Familien, Senioren, Frauen und der Jugend am 4. April 2001 zu den vorliegenden Gesetzesentwürfen zur Pflege und zum Heimgesetz. In Auszügen heißt es darin:

»1. Die Erfahrungen der MDK-Gutachter/innen aus 600 durchgeführten Qualitätsprüfungen zeigen, dass Qualitätssicherung nicht die Sicherheit des derzeit vorzufindenden Qualitätsniveaus sein darf. Die vorhandenen Qualitätsdefizite sind keine Einzelfälle, sondern weisen auf strukturelle Defizite in der Pflege hin.«

Und abschließend heißt es:

»Konsequenz dieser Qualitätsdefizite ist, dass eine **passivierende Pflege** Platz greift. Dadurch werden die Ressourcen der Bewohner nicht erhalten oder aktiviert, sondern im Interesse eines schnellen Arbeitsablaufes oder wegen nicht vorhandener konkreter Planungsvorgaben unreflektiert deaktiviert.

Die Folgen sind eine Gefährdung bzw. Schädigung des Pflegebedürftigen, eine Verursachung unnötiger Kosten und eine Verletzung der persönlichen Integrität und Würde des Pflegebedürftigen bis hin zur Freiheitsberaubung. Damit wird die Zielsetzung des Gesetzgebers verfehlt, dem Pflegebedürftigen trotz seines Hilfebedarfs ein möglichst selbstständiges und selbstbestimmtes Leben zu ermöglichen, das der Würde des Menschen entspricht.«

Ansätze zur Verbesserung der Pflegesituation

In den letzten Jahren nach der Abmahnung der UNO gab es viele Bemühungen um eine Verbesserung der Situation der Pflegebedürftigen in Bund, Ländern, Bezirken und vor allem in den Großstädten. Die **Heimaufsicht** wurde eingeführt, die Kontrollen in den Heimen durchführen kann. Es gibt einen **Heimbeirat**, dem auch Angehörige und Senioren angehören können und der Verbesserungen und Beschwerden vorbringen kann. Es gibt vielerorts die **Pflegebörse**, die schnell Pflegeheimplätze vermitteln kann, man hat für den schnellen und reibungslosen Übergang vom Krankenhaus ins Pflegeheim **Beratungskräfte** eingesetzt. Die Situation der Alzheimer-Kranken wurde durch eine Zuzahlung verbessert.

In vielen Heimen gibt es Malstunden und therapeutischen Sport, man hat vielerorts die Tierhaltung genehmigt. Für das Personal hat man mehr Freizeit und Fortbildungsmöglichkeiten geschaffen. Aber die Situation konnte sich nicht wesentlich verbessern: Es fehlen fast überall die Pflegekräfte und bei Erkrankung von Pflegekräften sind die anderen Kollegen und Kolleginnen überfordert.

Es kommen immer mehr hochbetagte und verwirrte Menschen in die Pflegeheime – der Heimaufenthalt beginnt z. B. bei den Heimen der Caritas in München mit

86 Jahren und dauert im Schnitt nur noch neun Monate. Viele Altenwohn- und Pflegeheime müssen zu reinen Pflegeheimen umgebaut werden.

Im Januar 2003 stellte die Rürup-Kommission fest, die Pflege in den Heimen sei unzureichend.

Ebenfalls im Januar 2003 teilte der Oberbürgermeister der Landeshauptstadt München, Christian Ude, bei einem Pressegespräch mit: „Unsere Hoffnung, Ihnen alljährlich von Verbesserungen berichten zu können, hat sich aber nicht bewahrheitet. Im Gegenteil: Trotz äußerst intensiver und in vielen Fällen erfolgreicher Aktivitäten … muss heute doch ein überwiegend düsteres Bild vermittelt werden.»

Dabei darf es nicht bleiben: Wir alle müssen uns bemühen, für unsere Alten, Kranken, Behinderten und Pflegebedürftigen gute Lebensbedingungen zu schaffen, das Alter lebenswert zu machen, sie mit kleinen und großen Freuden aufzumuntern.

Politiker sind genauso gefragt wie die Wohlfahrtsverbände, die Heimbetreiber und die hauptberuflich und ehrenamtlich tätigen Altenpfleger und Helfer, sowie alle Bürgerinnen und Bürger!

Gemeinsamkeit macht stark und Freude bringen macht Freude!

Das Heimgesetz

Rechtliche Unterlagen zur Führung und Betreibung eines Pflegeheimes finden Sie in:

»Heimgesetz (Heim G)«
Handbuch mit Rechtsverordnungen, amtlichen Begründungen
KKF Der Fachverlag für Sozialversicherung
Postfach 1352
84497 Altötting
Telefon 08671/5065
Stand August 2002

oder

»Heim G.«, Taschenkommentar Heimgesetz von Günter Grössman, Sacha Iffland, Rainer Mangels, Vincentz Verlag, Hannover 2002

12. »Leben bis zuletzt« und sterben in Würde

Um dem schwer kranken alten Menschen und vor allem dem am Ende seines Lebens stehenden Menschen das Sterben zu erleichtern, ihn würdig sterben zu lassen, hat man in der Bundesrepublik und in anderen Staaten die Palliativ-Stationen in den Krankenhäusern geschaffen und die Hospize aufgebaut.

Die Palliativ-Station

Eine Palliativ-Station ist meist an ein Krankenhaus angeschlossen. Sie ist für die Zeit gedacht, in der sich die unheilbare Krankheit verschlimmert, Komplikationen auftreten und die Betreuung zu Hause oder im Pflegeheim nicht mehr ausreicht. Auf der Palliativ-Station werden medizinische Maßnahmen nur noch zur Linderung der Schmerzen und anderer Beschwerden wie Atemnot oder Erbrechen vorgenommen. Man darf dort auch bleiben bis zum Zeitpunkt des Todes, doch Ziel ist eigentlich, die Patienten wieder zu entlassen in ihre alte Umgebung oder in eine Betreuungseinrichtung, ein Pflegeheim.

Das Hospiz

Das Hospiz ist eine Art Raststätte für Schwerkranke. Im Hospiz steht nicht mehr die ärztliche, sondern die pflegerische Betreuung im Mittelpunkt – und natürlich die menschliche Begleitung bis zuletzt.

Hospize waren im Mittelalter meist von Orden geführte Häuser, die Wallfahrern oder kranken Menschen als Herberge dienten. Die neuzeitliche Hospiz-Bewegung geht von England und den USA aus. Ihr Anliegen ist es, Sterbende aus dem Routinealltag einer Klinik oder einer angespannten Familiensituation herauszuholen. Den Menschen soll durch medizinisch-pflegerische und menschlich-seelsorgliche Zuwendung das »Leben bis zuletzt« und ein Sterben in Frieden ermöglicht werden. Zur Versorgung in der Hospizstation kommt die ambulante Betreuung von Todkranken, die im Kreis der Familie sterben wollen. Die Angehörigen erhalten auf Wunsch Beratung und Beistand, auch über den Tod des Patienten hinaus.

In vielen Großstädten und Städten in der Bundesrepublik entstanden in den letzten Jahren solche Hospize. Es werden Patienten aufgenommen im letzten Stadium einer unheilbaren Krankheit. Das sind vor allem Menschen mit bösartigen Erkrankungen – alte Menschen, aber auch jüngere und auch AIDS-Kranke. Die Hospiz-Idee, geprägt von einer christlichen Lebenshaltung, wird durch das gesamte Team getragen, dem Ärzte, Pflegekräfte, Seelsorger, Sozialarbeiter und ehrenamtliche Helfer angehören.

Die Adresse der Bundesgeschäftsstelle:
Bundesgeschäftsstelle der Deutschen Hospizhilfe
Reit 25
D-2110 Buchholz
Tel: 04181/38855 oder 39495

Dort erhält man auch Auskunft über Hospize in anderen Orten und Städten.

Zu guter Letzt!

Erhalten Sie sich Mut und Zuversicht, auch wenn es einmal schlechter geht, und suchen Sie Freude, Fröhlichkeit und Ansprache in der Familie, bei den Freunden, bei Ihren Helfern! Das stärkt Ihr Immunsystem und bringt Vitalität! Und daheim ist daheim!

Das Unmögliche möglich machen
dabei real am Boden steh'n
Statt Trübsal blasen herzlich lachen
so soll's auch weiterhin gescheh'n.

Suchen Sie sich Kraft bei Ihrem Herrgott, Ihrem Beschützer, Ihrem Halt - auch in schweren Zeiten. Er wird Sie nicht verlassen!

Von guten Mächten
Wunderbar geborgen,
erwarten wir getrost,
was kommen mag.
GOTT ist bei uns am
Abend und am Morgen
und ganz gewiss
an jedem neuen Tag.

Dietrich Bonhoeffer